LACAN E A SOLUÇÃO
ELEGANTE NA PSICOSE

# LACAN E A SOLUÇÃO ELEGANTE NA PSICOSE

Henri Kaufmanner

Relicário

Coleção BIP
BIBLIOTECA DO INSTITUTO DE PSICANÁLISE

© Relicário Edições
© Henri Kaufmanner

DADOS INTERNACIONAIS DE CATALOGAÇÃO NA PUBLICAÇÃO (CIP) DE ACORDO COM ISBD

K21l

    Kaufmanner, Henri

        Lacan e a solução elegante na psicose / Henri Kaufmanner. — Belo Horizonte : Relicário, 2023.

        144 p. : il. ; 14,5cm x 21cm

        Inclui bibliografia.
        ISBN: 978-65-86279-23-8

        1. Psicanálise. 2. Lacan. 3. Psicose. I. Título.

2023-245                                                            CDD 150.195
                                                                                 CDU 159.964.2

Elaborado por Vagner Rodolfo da Silva – CRB-8/9410

COLEÇÃO BIP — BIBLIOTECA DO INSTITUTO DE PSICANÁLISE
DIREÇÃO Ana Lydia Santiago

CONSELHO EDITORIAL

Antonio Beneti
Elisa Alvarenga
Francisco Paes Barreto
Sérgio Laia

COORDENAÇÃO EDITORIAL Maíra Nassif Passos
EDITOR-ASSISTENTE Thiago Landi
PREPARAÇÃO Virgínia Junqueira
REVISÃO Lucas Morais
CAPA Ana C. Bahia
DIAGRAMAÇÃO Caroline Gischewski

**RELICÁRIO EDIÇÕES**
www.relicarioedicoes.com
contato@relicarioedicoes.com

Aos meus filhos:
Marina, João e Noach.

# SUMÁRIO

**PREFÁCIO** 11

**INTRODUÇÃO** 15
   A chave do problema 20

**A DISJUNÇÃO ENTRE O SIMBÓLICO E O IMAGINÁRIO** 23
   A "Questão preliminar" 23
   A função imaginária do eu e o discurso do inconsciente 29
   O infinito na matemática 37
   "Energética lacaniana" 45

**PULSÃO DE MORTE: A SUPRESSÃO DA HIÂNCIA** 55
   O sujeito e o Eu: modelos para entender o descentramento 56
   Mais de uma maneira de morrer 61
   O Esquema L e a lógica estrutural 67

**O PROBLEMA E SUAS SOLUÇÕES** 87
   O problema de Schreber 88
   O Eu e o falo 94
   O falo como razão 104
   A solução de Lacan 113

**CONCLUSÃO** 125

**REFERÊNCIAS BIBLIOGRÁFICAS** 131

**NOTAS** 135

*Geometry has two treasures: one is the theorem of Pythagoras; the other, the division of a line into extreme and mean ratio. The first we may compare to a measure of gold; the second we may name a precious jewel.*

Kepler [1571-1630]

# PREFÁCIO
Laura Rubião

Podemos percorrer as páginas deste livro pela via do que Miller, leitor de Pascal, nos apontou como sendo da ordem das "coisas de fineza", aquelas que comportam uma agudeza em seu movimento de apreensão e que não podem ser simplesmente demonstradas por uma cadeia progressiva de encadeamentos racionais, tal como preferiria o geômetra.[1]

Ao privilegiar a vertente dos matemas, tomando-os como "chaves que fazem funcionar" o ensino de Lacan, Henri Kaufmanner oferece-nos uma rara combinação entre o espírito de fineza e o espírito de geometria. De um só golpe, deparamo-nos com articulações preciosas e nada evidentes como, por exemplo, as que se tecem entre os conceitos de contínuo e infinito – extraídos diretamente do campo da matemática – e o domínio clínico da subjetividade, suas dimensões psíquicas (Real, Simbólico, Imaginário), o Édipo e as saídas por meio da neurose ou psicose.

Henri adota como ponto de partida o Esquema L que, no texto "Questão preliminar a todo tratamento possível da psicose", desdobra-se nos esquemas I e R e representam modos distintos de abarcar a hiância fundamental constitutiva do ser falante. Essa fissura se inscreve no ponto em que o Imaginário é interceptado pelo Simbólico e se revela como um ponto de fuga inapreensível, um furo inaugural da vida psíquica, um verdadeiro nó do dizível que instaura o impasse do que não cessa de não se escrever como uma cicatriz[2] e que, ainda assim, não pode se calar.

Dos paradoxos de Zenão às contribuições epistêmicas de Koyré, somos conduzidos a explorar os conceitos de contínuo, de infinito real e potencial, articulando-os à noção de impossível, depurada ao final do ensino de Lacan. Essa hiância denota uma disjunção persistente entre Imaginário e Simbólico e está presente já no pensamento dos gregos, como nos mostra Henri, revisitando Lacan em seu *Seminário 2*. Trata-se da passagem em que ele aborda a passagem do Mênon na qual Sócrates desperta o escravo de sua rasa intuição imagética, levando-o a conceber a solução invisível (Simbólica) para o problema matemático da duplicação da área do quadrado.

Munidos dessa leitura original, que coloca em destaque o enodamento originário entre o Simbólico e a dimensão abissal do infinito que o constitui, seremos capazes de subverter o ponto de vista tradicional que o concebe, sobretudo nesse momento inicial do pensamento lacaniano, exclusivamente como uma ordem universal e autônoma. Tal como o umbigo do sonho emerge do seu próprio tecido ficcional, a incompletude do contínuo é inerente ao simbólico. De modo arguto, portanto, Henri nos permite ler no Lacan dos anos 50 o que viria a se lapidar ao final do seu ensino, a partir dos conceitos de gozo e sinthoma a saber, que o simbólico "não se apresenta como uma série ordenada e sim um contínuo incomensurável, acéfalo".[3]

Na perspectiva da clínica, o leitor poderá acompanhar a fina leitura que articula o sonho da injeção de Irma, o chamado sonho inaugural da psicanálise, ao trabalho realizado por Schreber na reconstrução de seu mundo desmoronado.

Tanto Freud como Schreber, ao ultrapassarem, cada um a seu modo, o campo do Imaginário, deparam-se com a "dimensão rasgada do simbólico", cujo caráter acéfalo e assemântico exibe, em ato, a presença recalcitrante do S (A/) que se impõe como hiância permanente e irremediável. Esse furo inaugural da existência encontra-se, na neurose, recoberto pelo recalque, enquanto na psicose está exposto, a céu aberto. Em ambas há o encontro com o mistério insolúvel da existência, com esse *quod*, nos diz Lacan, citado por Henri, com esse ponto que esbarra no silêncio – "o que será que é?"⁴ – e não se deixa escrever no campo do Outro. A imersão na linguagem é sempre traumática e as questões imanentes da existência, relativas ao ser sexuado e a seu lugar no campo do Outro, comportam uma opacidade indelével e um consequente apelo ao saber (S2), que advém, num segundo momento, como contorno ficcional incapaz de recobrir o real em jogo.

Henri mergulha decididamente na fonte matemática explorada por Lacan para entender a solução neurótica a esse enigma da existência. Diante da presença do A/, o falo surge como significado para o sujeito, evocando uma medida possível para a não relação sexual, tal como o número de ouro atua na matemática, "como média e razão extrema da divisão harmônica" entre os segmentos de uma reta.⁵ A significação fálica incide, portanto, como elemento "articulador do simbólico e do imaginário, como esse operador que permite o entrecruzamento da dimensão contínua do inconsciente com a imaginária unidade do eu". ⁶ Ocorre que essa aposta no falo é uma ilusão – já que o falo, dirá Lacan nos anos 70, é, ele próprio, um semblante –, e Henri nos assinala, de forma extremamente original, que o encontro de Lacan com a psicose, e em especial com o caso Schreber, o teria advertido em relação ao "erro neurótico comum"⁷ engendrado pela crença no falo como unidade imaginária e remendo do eu.

Toda essa construção nos exime de abordar a psicose como um déficit em relação ao parâmetro da neurose, conferindo-lhe, pelo contrário, a função de desvelar o que o neurótico insiste em dissimular, a saber, a "dimensão rasgada do simbólico" que comporta a potência disruptiva do infinito real inerente ao choque da linguagem com o corpo. Quando, na junção entre o Simbólico e o Imaginário, abre-se uma fenda sem o arrimo da metáfora paterna, o sujeito é chamado a responder, a forjar uma saída original. A Schreber coube valer-se do recurso assintótico na realização do gozo transsexualista, sob o fundo do tensionamento simbólico da criação de uma nova raça. Uma invenção que vai além da crença neurótica e que se abre ao infinito pela via da indeterminação.

O leitor deste livro terá, por fim, o privilégio de desfrutar da solução elegante que nos oferece Henri Kaufmanner ao cernir, de modo hábil e sutil, a tese primordial e atualíssima proferida ao final do ensino de Lacan: todo mundo é louco, isto é, delirante.[8]

# INTRODUÇÃO

A elegância é uma ideia frequentemente utilizada na matemática. Diz-se que ela está presente quando, diante de um problema complexo e repleto de variáveis, encontra-se uma solução por intermédio de uma fórmula simples, reduzida a poucos elementos e que, por sua elegância, se presta muito bem a sua própria transmissão.

Sabemos do rigor com o qual Lacan buscava formalizar a psicanálise e como tentava aliar esse rigor a seu esforço de transmissão. O uso de matemas, grafos e figuras topológicas dá um retrato desse esforço de formalização e transmissibilidade. Contudo, como o próprio Lacan sempre ressaltou, em psicanálise, há sempre um resto que não se escreve, e muitas vezes somos, em nossa experiência com seu ensino, levados a concluir que, embora seu esforço tenha permitido a retomada do campo discursivo estabelecido por Freud, a sua transmissão não se fez sem lacunas, pontos obscuros e restos que se apresentam para nós como um convite e um desafio – se quisermos continuar, no campo por ele delimitado, mantendo o espírito e a ética de sua elaboração.

Ao final do texto "De uma questão preliminar a todo tratamento possível da psicose", Lacan nos mostra que a solução encontrada por Schreber em sua reconstrução delirante não é um caos e, de forma bem diferente do que se poderia pensar, trata-se de um problema de solução elegante.[9]

Durante todo o percurso desse texto, Lacan se ocupa em resgatar o que seria a originalidade do pensamento de Freud e, para tanto, se contrapõe à ciência e a sua crença no *percipiens*, aos pós-freudianos e a sua aposta no Eu na tentativa de restabelecer a verdade do pensamento freudiano no que diz respeito às psicoses.

Propondo a si mesmo não ir além de Freud, Lacan formaliza uma série de elementos presentes na história de Schreber, elementos esses que, desde então, passaram a funcionar como guia àqueles que seguem sua orientação no que diz respeito à condução da cura nas psicoses. Ali ele nos apresenta suas ideias relativas à estrutura do fenômeno alucinatório, apresenta-nos, ainda, o conceito de metáfora paterna e as consequências de sua foraclusão, bem como a importância do encontro com *un père*[10] para o desencadeamento de uma crise psicótica. Mostra-nos a importância dos fenômenos de código e de mensagem e também momentos cruciais da doença do Presidente Schreber, como sua "morte" e o "milagre do urro", nos conduzindo, ainda, em questões fundamentais sobre o manejo da transferência na psicose. Para organizar toda essa complexidade de variáveis e vicissitudes da psicose do Presidente Schreber, apresenta-nos, em determinado momento do texto, um esquema que chama de Esquema I.

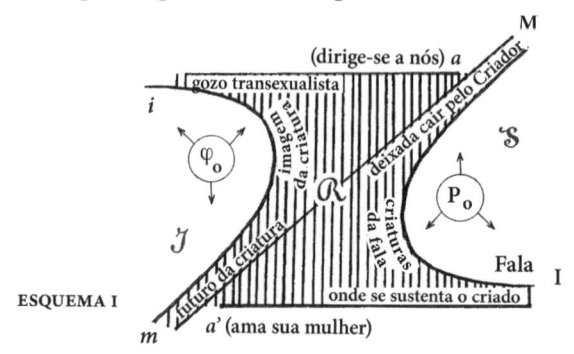

ESQUEMA I

Nesse esquema, pode-se perceber que Lacan, sem qualquer esclarecimento, utiliza-se de algumas referências matemáticas, sobretudo de referências à ideia de infinito. Isso se torna mais evidente quando ele nos fala de assíntotas, bem como quando utiliza hipérboles no seu desenho. No mesmo texto, ele já nos havia apresentado o Esquema R, um plano projetivo que, portanto, traz referências matemáticas e que, pela estrutura mesma desse plano, contempla também a ideia de infinito:

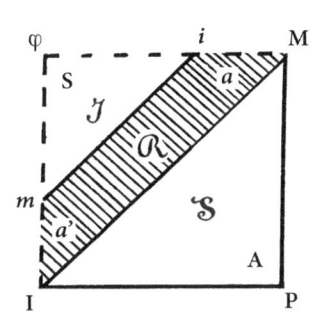

A respeito desses esquemas, é o próprio Lacan quem nos convida para ir além da mera apreciação: "Mais valeria, no entanto, jogar esse esquema no lixo, se ele tivesse, à semelhança de tantos outros, que ajudar alguém a esquecer numa imagem intuitiva a análise que a sustenta".[11]

Logo nos seus primeiros seminários, mais especificamente em *O Seminário, livro 2: O eu na teoria de Freud e na técnica da psicanálise*, ele se utiliza do *Mênon*, de Platão, para estabelecer os estatutos do simbólico e do imaginário lançando os parâmetros que permitiriam estabelecer também os conceitos de sujeito e de Eu, respectivamente.

No *Mênon*, encontramos Sócrates em sua maiêutica tentando extrair de um escravo, a partir das reminiscências deste, a solução do seguinte problema: de quanto deve ser aumentado o lado de um quadrado para que a área obtida com o novo quadrado seja o dobro da área do quadrado anterior?

O problema, operado a partir de um desenho na areia, é solucionado pelo escravo de maneira intuitiva, porém, também equivocada. É Sócrates quem se põe a conduzi-lo à resposta. Esta somente pode ser alcançada se, à geometria intuitiva que se desenha na areia, forem acrescentados os conhecimentos aritméticos de Sócrates.

Essa disjunção entre o que um desenho pareceria ser suficiente para resolver, o equívoco decorrente dessa resolução e a necessidade de cálculos matemáticos para a solução do problema é utilizada por Lacan para nos remeter à disjunção existente entre a geometria e a aritmética, sendo este o ponto que lhe interessa particularmente.

Essa disjunção inaugura, no *Seminário 2*, toda uma linha de raciocínio que, mesmo sofrendo modificações ao longo de seu ensino, permanecerá como fio organizador de suas ideias ainda por muitos anos.

Aproximando o imaginário da geometria e o simbólico da aritmética (ou da *doxa* e *epistemé* respectivamente), Lacan nos mostra a existência de uma hiância insuplantável entre os dois e, ao longo do desenvolvimento do seminário, nos leva a reconhecer que essa hiância é o real que escapa ao recobrimento a partir do entrecruzamento do simbólico como contínuo e o imaginário em sua ilusão de unidade.

Tal noção vai ser sustentada no Esquema L, que funcionará como uma topologia básica para toda uma gama de variações sobre essa articulação: simbólico, imaginário e real e as vicissitudes às quais ela está sujeita. O esquema L nos é apresentado como uma topologia do discurso, e manter essa estrutura, com o sujeito tensionado nos quatro cantos do esquema, é fundamental para preservar a função da hiância. Esta, por sua vez, mantém-se como obstáculo à pulsão de morte, e, dessa forma, à morte do sujeito.

Para fazer a articulação entre o múltiplo e o uno, Lacan recorrerá ao uso de uma conhecida referência matemática, prevalente tanto na geometria como na aritmética: o segmento áureo.

O falo, por exemplo, peça fundamental do quebra-cabeça lacaniano, nos é apresentado no escrito "A significação do falo" como sendo a razão do desejo, razão aqui entendida como média e extrema razão da divisão harmônica.[12] Essa divisão se articula intimamente com o segmento áureo, e a razão de ambas é o número de ouro, ou número áureo, que tem como grafia a letra grega *phi*, φ. O número de ouro é um número irracional, incomensurável, que, pelas relações geométricas ordenadas pelas proporções por ele estabelecidas, nos introduz na discussão sobre a beleza da forma, que, por sua vez, na geometria, será conhecida como a divina proporção. A noção de falo, derivado lacaniano do número de ouro, aproximar-se-ia então da ideia de um número, um elemento simbólico que funcionaria como operador de uma proporção, como elemento externo, mas estabilizador da forma, da bela forma.

Com esses elementos da matemática e seu aproveitamento na clínica, Lacan nos fornecerá subsídios que nos permitirão operar numa clínica diferencial neurose/psicose.

Desse modo, o neurótico assim o é porque, ancorado no falo, acredita na forma e na sua beleza, acredita nas imagens com as quais se identifica por supor necessárias para calar o desejo do Outro, apresentação do insuportável da hiância. O falo, $\varphi$, assim como o número de ouro nos segmentos contínuos, seria a significação desse desejo, introduzindo o neurótico no mundo das proporções. Tais proporções, da mesma maneira que permitiriam ao neurótico destinar uma forma a seu corpo e a tudo com o que ele se relaciona, delimitando o campo da fantasia e tamponando a hiância, também o condenariam a essa mesma fantasia, à compulsão à repetição e a uma busca virtual e infinita pela beleza, pela forma perfeita. A beleza, a ser encontrada sempre mais além, tem, nesse infinito mesmo, uma aposta, a aposta em uma garantia de evitação de um encontro com a sua castração. Todo esse trabalho da neurose estaria contemplado no Esquema R.

O psicótico, em função da foraclusão do Nome-do-pai, estaria desprovido da razão matemática, estaria sem o recurso ao $\varphi$. Sem a proporção do desejo do Outro, estabelecida pelo falo, o psicótico sofreria com a experiência da dissolução imaginária e com o horror da presentificação da hiância. Como consequência, encontrar-se-ia, muitas vezes, reduzido ao "rasgamento" da cadeia simbólica que se faz real, como na esquizofrenia, ou, então, aderido a uma imagem infinitamente projetada, megalômana, e que também se faz real, como na paranoia. Caberia ao psicótico a formulação de uma nova maneira de operar com essa tensão, efeito da hiância entre imaginário e simbólico. Caberia a ele, quem sabe, uma nova razão, uma nova proporção. Seria essa nova proporção o que Schreber constrói, de forma elegante, em seu trabalho de delírio, e que Lacan nos apresenta em seu Esquema I?

A solução elegante de Schreber se constitui em apenas uma faceta da própria solução elegante de Lacan. Ou seja, em "De uma questão preliminar ao todo tratamento possível da psicose", temos a oportunidade de perceber como Lacan fazia uso da matemática não somente na organização de seu ensino, mas também na solução de impasses por ele enfrentados. Explorar as razões matemáticas de Lacan e suas relações com o infinito, bem como sua formalização teórica, mostra-se, assim, um caminho bastante profícuo no intuito de esclarecer e ampliar as dimensões, os efeitos e as consequências da influência da matemática em seu ensino.

## A chave do problema

Na segunda lição de *O Seminário, livro 10*: a angústia, Lacan[13] fala de suas ideias sobre como poderia se dar a sistematização e o ensino em psicanálise. Inicialmente, nos diz que o ensino pode se dar pela via que ele chama de catálogo. Nessa via, organiza-se o saber numa série de categorias, numa tentativa de abarcar toda a produção teórica sobre o tema. Segundo Lacan, essa via termina em impasse e infecundidade. Afinal, não se trataria, na psicanálise, de um mero acúmulo de saber.

Depois Lacan nos fala de uma via que se organiza em torno dos níveis em que o tema se apresenta. Busca-se, nessa via, pela similitude entre os níveis independentes (por exemplo, o cultural, o biológico, entre outros), desprender algo da ordem de um tipo que especifique o tema. Ele nomeia essa via como a do análogo. Diz que assim não se faz psicanálise, e sim antropologia, e cita Jung como um representante dessa corrente de ensino.

Nem catálogo, nem análogo, Lacan prefere ensinar pela via que ele denomina de chave: a "chave é o que abre e que, para abrir, funciona. A chave é a forma segundo a qual deve operar ou não operar a função do significante como tal, é o que torna legítimo que eu a anuncie e a distinga e ouse introduzi-la como aquilo em que podemos confiar".[14]

Os esquemas de Lacan são chaves que fazem funcionar o seu ensino. Assim, decifrar o funcionamento dessas chaves, entender como elas funcionam, permitem fazer operar os significantes dessa "solução elegante" que faz funcionar não somente o texto "De uma questão preliminar…", no qual os referidos esquemas estão presentes, mas também uma parte importante do ensino de Lacan.

# A DISJUNÇÃO ENTRE O SIMBÓLICO E O IMAGINÁRIO

## A "Questão preliminar"

Qual seria a questão preliminar estabelecida por Lacan como presente em todo tratamento possível da psicose? Qual seria o *a priori*, ou seja, a condição que ele estabelece como prévia e necessária a qualquer possibilidade de tratamento da psicose, que desenvolve ao longo do texto e que, como em outros textos de seus *Escritos*, não se oferece muito facilmente a seus leitores?

## Crítica à unicidade do Eu

Em "Rumo a Freud", na primeira parte desse texto, Lacan expõe sua discordância com o tratamento que a psicose vinha recebendo não sendo difícil localizar, nessa discordância, referências à psicologia ou à psiquiatria.

> Meio século de freudismo aplicado à psicose deixa seu problema ainda por repensar, ou, em outros termos, no *status quo ante*... Assim é que a teoria da abstração, necessária para dar conta do conhecimento, fixou-se numa teoria abstrata das faculdades do sujeito, que as mais radicais petições sensualistas não conseguiram tornar mais funcionais no que tange aos efeitos subjetivos.[15]

Já no primeiro momento de seu texto, Lacan nos anuncia sua inquietude com a dominância de um pensamento que, apesar de todo o esforço de Freud, não conseguiu ir além de uma teoria das faculdades mentais, incapaz de avançar em qualquer nova elaboração sobre a subjetividade na psicose. Seguindo o texto, vemos que ele deixa mais explícita a sua condenação a esse pensamento. Ele desenvolve toda uma articulação a partir da noção de alucinação presente na ciência. Destaca o fato de que aprendemos a eludir essa questão: "mesmo admitidas as alternâncias de identidade do *percipiens*, sua função constitutiva da unidade do *perceptum* não é discutida".[16]

Sua interrogação é feita a partir da constatação de que o conceito de alucinação é apresentado "nos bancos da escola" apenas em seu estatuto de percepção. A alucinação, dessa maneira, não passa de uma percepção sem objeto. Tal concepção parte do pressuposto de que o *percipiens*, ou seja, aquele que percebe o estímulo, é um dado estabelecido aprioristicamente, sendo o *perceptum* aquele que podemos tomar aqui como o objeto capaz de provocar alterações apenas ao nível dos sentidos, ou seja, do *sensorium*. Assim, tal elaboração parte de uma ideia naturalista do ser e também do objeto. O *percipiens* já está lá, às voltas com uma apreensão objetiva da realidade. Em O Seminário, livro 2 encontraremos a seguinte citação de Lacan: "Na perspectiva clássica, teórica, há entre sujeito e objeto coaptação, co-nascimento... É num registro de relações totalmente diferente que o campo da experiência freudiana se estabelece".[17]

Podemos dizer, mesmo de maneira sintética, que, segundo essa concepção, positivista, há um ser e que esse ser já nasce com o homem.

Lacan discorda veementemente de tal ideia. Tomando como exemplo a alucinação verbal motora,[18] ele insiste que o *sensorium* é "indiferente na produção de uma cadeia significante" e que "esta se impõe por si ao sujeito em sua dimensão de voz". Ela "assume como tal uma realidade proporcional ao tempo que sua atribuição subjetiva comporta", e que o que a determina é sua estrutura mesma de significante, que é distributiva, ou seja, apresenta-se com vozes diversas, "colocando, portanto, o *percipiens* como tal, pretensamente unificante, como equívoco".[19]

Torna-se possível, então, vislumbrar o trajeto que Lacan parece fazer ao longo de seu texto. Primeiramente, podemos estabelecer que não há anterioridade nem unicidade do *percipiens,* nem uma realidade objetiva do objeto. O que podemos caracterizar a partir do fenômeno alucinatório é a relação do sujeito ao significante e o papel determinante desse último na estrutura mesma do fenômeno. Para demonstrar isso, Lacan utiliza-se de uma apresentação de paciente por ele já mencionada anteriormente em *O Seminário, livro 3*.[20] Trata-se de uma mulher que ouve, numa alucinação, a injúria "porca!", quando, ao sair de sua casa, defronta-se com seu vizinho no corredor. Logo em seguida surge, em seu pensamento, a frase alusiva "Eu venho do salsicheiro".[21] Continuando sua demonstração, Lacan ainda se utiliza dos fenômenos de código e de mensagem, por ele assim nomeados, presentes em Schreber.[22] Com esses exemplos, que ganham valor paradigmático para a clínica das psicoses, ele nos demonstra que o sujeito não apresenta qualquer anterioridade ao significante. O sujeito é, na verdade, designado em sua relação com o significante.

Em "Depois de Freud", segunda parte do texto, Lacan mantém o tom, agora numa discussão com os pós-freudianos.

> O que nos trouxe Freud aqui? Entramos no assunto afirmando que, quanto ao problema da psicose, essa contribuição levara a uma recaída. Ela é imediatamente sensível no simplismo dos recursos invocados em concepções que se reduzem, todas, a este esquema fundamental: como fazer passar o interior para o exterior? O sujeito, efetivamente, pode até englobar aqui um *isso* opaco, pois de qualquer modo é como *eu*, isto é, de maneira inteiramente expressa na atual orientação psicanalítica, como esse mesmo *percipiens* indestrutível, que ele é invocado na motivação da psicose. Esse *percipiens* tem todo o poder sobre seu correlato não menos inalterado – a realidade –, e o modelo desse poder é buscado num dado acessível à experiência comum, a da projeção afetiva.[23]

Nessa citação, ele nos mostra que o conceito pós-freudiano de *eu* tem o mesmo estatuto indestrutível do *percipiens*. A ideia unificadora do *eu*, para ser sustentada, não pode prescindir da noção de projeção que vem em socorro aos pós-freudianos, que, diferentemente dos representantes das psicologias, não eram totalmente inocentes quanto à presença de um outro nas relações do sujeito. Lacan utiliza-se aqui também de Schreber mostrando como os pós-freudianos se fixaram nas ideias contidas em Freud e em seu apêndice sobre esse caso, em que ele aponta as alterações da estrutura gramatical da frase "eu o amo" como forma do sujeito operar as suas diferentes relações com o outro. Insensíveis às novidades trazidas por Freud em "Sobre o narcisismo: uma introdução", os pós-freudianos, diz Lacan, preferem apostar na ideia da homossexualidade sem conseguir se aperceber que, ali, Freud nos apresentava uma primeira teoria de como o eu se constitui a partir do outro, ou seja, da não unicidade do eu. Os pós-freudianos preferem apostar no "reencontro do bom e velho *percipiens*, resistente a tudo, e da função de síntese".[24]

A questão preliminar de Lacan vai, passo a passo, se delimitando. Diante de todo tratamento possível da psicose pela psicanálise, não podemos tomar como ponto de partida a anterioridade histórica ou mesmo lógica de um eu ou de um *percipiens* único e indestrutível, sensível aos estímulos naturais de um objeto.

## A predominância do simbólico

É importante ressaltar que, nesse período de seu ensino, Lacan se encontrava ocupado em retomar o valor da invenção freudiana, que, para ele, estava sendo depreciado devido aos equívocos dos seguidores de Freud.

No texto "Situação da psicanálise e formação do psicanalista em 1956", ele expõe sua preocupação:

> Freud, nisso como em toda parte, é gritante: todo o seu esforço, de 1897 a 1914, foi o de levar em conta o imaginário e o real nos mecanismos do inconsciente. É curioso que isso tenha levado os psicanalistas, em duas etapas, primeiro a fazer do imaginário um outro real e, em nossos dias, a encontrar nele a norma do real. Sem dúvida, o imaginário não

é o ilusório e fornece material para a ideia. Mas o que permitiu a Freud fazer a descida por ele até o tesouro com que seus seguidores enriqueceram foi a determinação simbólica, na qual a função imaginária se subordina e que, em Freud, é sempre poderosamente lembrada, quer se trate do mecanismo do esquecimento verbal, quer da estrutura do fetichismo. E podemos dizer que, ao insistir em que a análise da neurose fosse sempre reconduzida ao nó do Édipo, ele não almejou outra coisa senão garantir o imaginário em sua concatenação simbólica, pois a ordem simbólica exige pelo menos três termos, o que impõe ao analista não esquecer o Outro presente entre os dois que, pelo fato de estarem ali, não envolvem aquele que fala.

Mas, apesar do que Freud acrescentou a essa advertência através de sua teoria da miragem narcísica, o psicanalista continua a se embrenhar cada vez mais na relação dual, sem que o impressione a extravagância da 'introjeção do bom objeto' pela qual, como um novo pelicano, ele se oferece, felizmente sob aparências fantasísticas, ao apetite do consumidor...[25]

É exatamente por restabelecer, naquele momento de seu ensino, a predominância da função simbólica que Lacan, após um breve elogio a Ida Macalpine, tradutora de Schreber para o inglês, a critica por ter se recusado a buscar as referências freudianas do Édipo e sua articulação simbólica para se apoiar numa primitiva fantasia heliolítica de procriação em suas elaborações sobre o delírio de Schreber.[26, 27]

Em "Com Freud", terceira parte, Lacan explicita ainda mais a sua intenção. Após denunciar o equívoco presente nas concepções pré e pós-freudianas da psicose, ele nos afirma que é na relação com o A (Outro) que isso se define:

(…) Pois, retirem-no dali e o homem nem sequer consegue sustentar-se na posição de Narciso. O *anima*, como que pelo efeito de um elástico, reduz-se ao *animus*, e o *animus*, ao animal, o qual, entre S e *a*, mantém com seu *Umwelt* 'relações externas' sensivelmente mais íntimas do que as nossas, sem que se possa dizer, de resto, que sua relação com o Outro seja nula, mas apenas que ela não nos aparece de outro modo senão em esporádicos esboços de neurose.[28]

Lacan nos relembra a invenção freudiana do inconsciente, ou seja, que isso pensa, pensa um bocado mal, embora com firmeza, e pensa sem que sequer se pense nisso. O inconsciente é esse alhures, *ein anderer Schauplatz*,[29] e não reconhecer isso não passa de uma aversão. Dessa forma, todo tratamento possível da psicose deve ter como questão preliminar a noção de que a psicose é um fato de linguagem, uma vicissitude da relação do sujeito com o Outro, esse alhures, e não o padecimento de um *percipiens*, ou de um Eu, único e originário.

### A apresentação do Esquema L

Para "fixar as ideias", Lacan aplica a relação do sujeito ao Outro ao Esquema L Simplificado:[30]

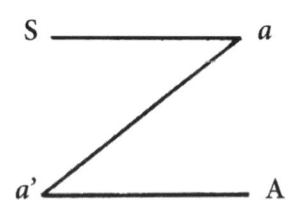

$$
\begin{array}{ccc}
S & \longrightarrow & a \\
& \diagdown & \\
a' & \longrightarrow & A
\end{array}
$$

Ele diz que esse esquema significa que o estado do sujeito S, neurose ou psicose, depende do que se desenrola no Outro, e o que se desenrola é um discurso. Assim, o Esquema L seria uma representação do inconsciente como discurso do Outro. O sujeito seria parte integrante desse discurso, repuxado para os quatro cantos do esquema. Em S, sua estúpida e inefável existência; em a, seus objetos; em a', seu eu; e, em A, o lugar de onde pode ser formulada a questão de sua existência. Assim, em contraposição ao *percipiens* e ao Eu dos pós-freudianos, Lacan nos apresenta um sujeito dividido, que não se confunde com o eu, repuxado que é por sua relação com o Outro. É importante ressaltar essa oposição entre neurose e psicose já estabelecida nesse momento. O estado do sujeito depende do que vai acontecer em sua relação com o Outro, pois é no Outro que pode ser formulada a questão de sua existência. Essa questão se apresenta articulada desta forma:

> 'Que sou eu nisso?', concernente a seu sexo e sua contingência no ser, isto é, a ele ser homem ou mulher, por um lado, e por outro, ao fato que poderia não sê-lo, os dois conjugando seu mistério e enlaçando-o aos símbolos da procriação e da morte. Que a questão de sua existência inunde o sujeito, suporte-o, invada-o ou até o dilacere por completo, é o que testemunham ao analista as tensões, as suspensões e as fantasias com que ele depara; mas resta ainda dizer que é sob a forma de elementos do discurso particular que essa questão no Outro se articula.[31]

Portanto, diferentemente do que muitos parecem acreditar, nos anos 1950, Lacan não nos falava de uma psicose como um déficit diante da neurose. Por isso talvez tenha insistido tanto na importância da presença da dimensão simbólica na estrutura e nos impasses da psicose, como tentamos demonstrar anteriormente. Sabemos da importância que as questões referentes ao sexo, à procriação, à vida e à morte têm para qualquer sujeito – seja ele neurótico, seja psicótico. O que Lacan nos mostra é que neurose ou psicose dependem de como vai se operar essa questão no campo do Outro. Ao longo da "Questão preliminar", ele vai mostrar, através do Esquema R, como essa relação do sujeito ao Outro se estrutura na neurose e, através do Esquema I, como, tomando como referência o caso Schreber, ela se estrutura na psicose.

### A função imaginária do eu e o discurso do inconsciente

É com essa apresentação que, pela primeira vez, o Esquema L aparece no *Seminário* 2. Ele vem em sequência a três outros apresentados por Lacan. O primeiro é o esquema produzido por Freud em "Projeto para uma psicologia científica", que Lacan designa como o primeiro esquema do aparelho psíquico. Depois vemos o esquema presente na carta 52,[32] em que Lacan diz ser o esquema da *Traumdeutung*.[33] Em seguida, temos o esquema ótico, produzido por Lacan, e sobre o qual ele nos diz ser o esquema para a teoria do narcisismo, e, finalmente, o Esquema L, com a nomeação à qual nos referimos.

A colocação em sequência desses esquemas demarca uma certa trajetória da psicanálise, e, ao longo desse seminário, Lacan, em vários momentos, acentua que o Esquema L se refere ao momento tão fundamental na obra de Freud, que é a produção de "Além do princípio do prazer".

## O Mênon e o descentramento

O desenvolvimento do *Seminário 2* inicia-se com o recurso que Lacan faz do *Mênon*, diálogo de Platão que teria sido apresentado em trabalho realizado na noite anterior por Alexandre Koyré. Trata-se de um diálogo em que Platão, mais uma vez, se refere às "proezas" de Sócrates. A respeito de Sócrates, encontramos a seguinte referência de Lacan:

> É aquele que inaugura na subjetividade humana este estilo de onde surgiu a noção de um saber ligado a determinadas exigências de coerência, saber prévio a todo progresso ulterior da ciência experimental... Pois bem, no mesmo momento em que Sócrates inaugura este novo ser-no-mundo, que denomino aqui uma subjetividade, ele se dá conta de que o mais precioso, a *areté*, a excelência do ser humano, não é a ciência que vai poder transmitir os caminhos para se chegar aí. Aqui já ocorre um descentramento...[34]

É esse descentramento que interessa a Lacan, e interessa na medida em que ele está nesse momento, como foi visto quando nos referimos a esse ponto na "Questão preliminar", tentando restaurar o estatuto freudiano da noção de Eu, que não é único e, que, na verdade, é um outro, descentrado, o que implica que "o sujeito está descentrado com relação ao indivíduo".[35] Para tanto, o *Mênon* presta-se muito bem. Nele é possível perceber que a *epistemé* não cobre o campo todo da experiência humana e que, sobretudo, não existe uma *epistemé* da virtude. A virtude, particularmente a virtude política, seria alcançada por intermédio da *ortodoxa*. Assim, para Sócrates, estaria clara a rachadura existente entre a ciência, a *epistemé* e a opinião verdadeira, sentido possível para o grego *ortodoxa*.

No diálogo de Platão, encontramos Mênon, um rico habitante de Larissa, na Tessália, aluno dos sofistas e interessado em matemática, mais especificamente em geometria, que interroga Sócrates sobre a possibilidade de ensino da virtude. A resposta de Sócrates se atenta para o fato de que haveria homens que alcançariam a virtude não pelos caminhos da ciência, mas pelos da opinião verdadeira. Ele se põe a mostrar a Mênon como um escravo, tendo em sua alma despertadas as ideias aí adormecidas, seria capaz de encontrar um certo número de verdades relacionadas, por exemplo, à geometria. Transparece, então, nesse momento do diálogo, a teoria platônica da reminiscência, pela qual tanto a opinião verdadeira como a ciência são apenas uma lembrança das Verdades Eternas que um dia a nossa alma contemplou.[36]

Lacan não se mostra muito interessado na questão da reminiscência. A ele interessa fundamentalmente a questão do descentramento. E é em torno desse descentramento que nos esclarecerá sua posição sobre a noção platônica da reminiscência. Ao longo de seu comentário sobre o *Mênon*, acrescentará à oposição *epistemé/ortodoxa*, ou ciência/opinião verdadeira, as oposições[37] saber/intuição e simbólico/imaginário. Para Lacan, quando

> uma parte do mundo simbólico emerge, ela cria, efetivamente, seu próprio passado. Mas não do mesmo jeito que a forma no nível intuitivo. É justamente na confusão dos dois planos que reside o erro, o erro de crer que aquilo que a ciência constitui por intermédio da intervenção da função simbólica estava aí desde sempre, de crer que está dado.[38]

Todo saber esquece que é uma cristalização da atividade simbólica, esquecendo-se, assim, que existe uma "função criadora da verdade em sua forma nascente".[39] Em tom de alerta, Lacan diz que, enquanto analistas, trabalhamos na dimensão da verdade em estado nascente e, portanto, não podemos esquecê-la. E conclui: "Tudo o que se opera no campo da ação analítica é anterior à constituição do saber... o que se descobre na análise está no nível da *ortodoxa*". Ele não esconde sua preocupação de que o analista se deixe levar pelo saber produzido pela psicanálise dizendo que, se este não deve ser desprezado, o analista, contudo, deve se formar num outro âmbito que não aquele onde esse saber se sedimenta.[40] Exemplifica dizendo que, se Sócrates, Temístocles e Péricles foram grandes homens, é porque eram grandes psicanalistas, na medida em que teriam encontrado, em seus registros, o que quer dizer a opinião verdadeira.

Assim, se, nos anos 1950, estamos diante de um Lacan que privilegia o registro do simbólico, é nítido também que ele não se deixa enganar sobre os limites desse mesmo simbólico, principalmente a impossibilidade de abarcar o todo da experiência analítica.

### A hiância entre o simbólico e o imaginário

Lacan ocupa-se, particularmente no *Mênon*, do problema apresentado por Sócrates ao escravo. Trata-se basicamente de saber quanto se deve aumentar o lado de um quadrado para que este tenha sua área duplicada. Sócrates apresenta esse problema ao escravo representando-o através de um desenho na areia, e é através também do desenho que a solução deverá ser encontrada.

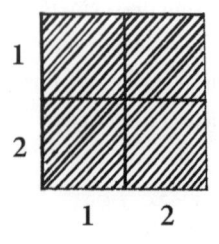

A resposta inicial do escravo foi que, para se duplicar a área desse quadrado, bastaria a duplicação da medida de seu lado.

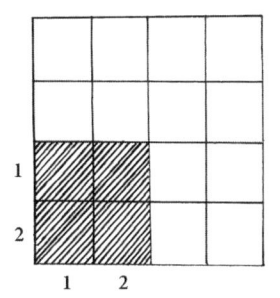

A resposta do escravo, como lhe mostrou Sócrates, produziu um quadrado de área quatro vezes maior do que o quadrado inicial. Sócrates perguntou-lhe então se, devido ao fato de a duplicação do lado do quadrado ter produzido um outro de área quatro vezes maior, um aumento de apenas metade do lado não produziria um quadrado com o dobro da área, como se queria. O escravo intuitivamente concordou.

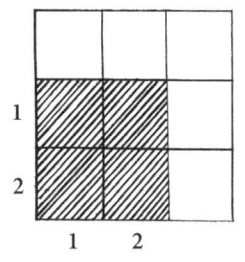

Novamente, contudo, a solução mostrou-se errada. O quadrado produzido não possuía o dobro da área do primeiro. Finalmente, Sócrates apresentou a solução para o problema, dividindo ao meio o quadrado produzido na primeira resposta do escravo, divisão feita pelo encontro das diagonais do quadrado original.

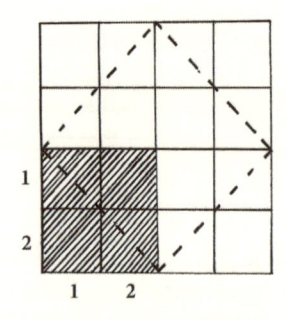

Lacan chama-nos a atenção para o fato de que é Sócrates quem mostra ao escravo o erro por ele cometido. O escravo, a partir do desenho feito na areia por Sócrates, percebe o equívoco da ideia de que duplicando o lado do quadrado ele teria o dobro da superfície, erro decorrente da utilização da ideia de equivalência. Contudo, sem o mestre, ele não teria como encontrar a solução. É este quem lhe mostra o caminho, a partir da noção de que a metade de uma área de 16 quadrados-medida é 8 quadrados-medida. Portanto, um conhecimento sobre os números se fez necessário. Além disso, não foi uma simples divisão o que foi demonstrado por Sócrates. Foi necessária a divisão pelas diagonais do quadrado, o que, segundo Lacan, introduz o simbólico no problema a partir do número irracional $\sqrt{2}$. Esse número não estaria no plano intuitivo, o que revelaria uma falha existente entre esse plano e o plano simbólico.[41] O que vemos na demonstração presente no *Mênon*, de Platão, seria uma passagem do plano intuitivo de ligação ao plano simbólico de ligação, ou, melhor dizendo, do imaginário ao simbólico.

> O escravo, com toda sua reminiscência e sua intuição inteligente, vê a boa forma, se é que se pode dizer isto, a partir do momento em que a designam a ele. Mas fica aí palpável a clivagem entre o plano do imaginário ou do intuitivo – no qual, com efeito, funciona a reminiscência, ou seja, o tipo, a *forma eterna*, o que também se pode denominar as intuições *a priori* – e a função simbólica que não lhe é absolutamente homogênea, e cuja introdução na realidade constitui um *forçamento*.[42]

É inquestionável afirmar que ao escravo somente é possível acompanhar o desenvolvimento do pensamento de Sócrates a partir do forçamento que este produz, introduzindo a dimensão simbólica, irracional, presente na $\sqrt{2}$ da diagonal do quadrado. Não fosse essa intervenção, o escravo estaria impossibilitado de dar esse passo, de superar a pura crença na forma, persistindo na impossível tarefa de duplicar a área do quadrado pela duplicação de seu lado.

Segundo Lacan, não se trata de quadrados ou quadrículas, mas de linhas que se introduzem na realidade, sendo esse o segredo que Sócrates não revela ao escravo. Ele traça linhas e se serve delas como se estas estivessem lá desde a origem, supostamente real:

> Introduziram-se números inteiros quando, no entanto, se tratava simplesmente de maior e de menor, de quadrículas reais. Em outros termos, as imagens dão um aspecto de evidência ao que é essencialmente manipulação simbólica. Se se chega à solução do problema, ou seja, ao quadrado que é duas vezes maior que o primeiro quadrado, é por se ter começado destruindo o primeiro quadrado como tal, ao lhe tirar um triângulo e por se ter recomposto com ele um segundo quadrado. Isto supõe um mundaréu de assunções simbólicas que estão ocultas por detrás da falsa evidência à qual se faz aderir o escravo.[43]

Portanto, o imaginário e sua boa forma, as formas eternas, e mesmo os números inteiros, são apenas um aspecto de evidência ao que é essencialmente manipulação simbólica. Para que Sócrates pudesse interferir no futuro da vida daquele escravo, "foi preciso que uma multidão de agrimensores, exercícios práticos, precedessem as pessoas que discorrem com tanta sabedoria na ágora de Atenas..."[44]

O simbólico, por sua vez, não é inteiro; é irracional, no sentido matemático do termo, incomensurável como incomensurável é $\sqrt{2}$. Pois, lembra-nos Lacan, por mínima que seja, não existe medida comum entre a diagonal do quadrado e seu lado, e é exatamente isso que se denomina irracional. Essa noção de simbólico é, nesse momento, essencial, pois as imagens utilizadas na demonstração geométrica do problema presente no *Mênon* são fruto da elaboração simbólica. No sujeito do inconsciente, as imagens estão lastreadas no texto de sua história, presas na ordem simbólica. Esse intrincamento entre o simbólico e o imaginário é tão precoce, e mesmo coalescente, diz Lacan, quanto a chamada relação original, que, nos diz ele ainda, temos que admitir como sendo uma espécie de resíduo do real: "Logo que existe no ser humano este ritmo de oposição, escandido pelo primeiro vagido e por seu cessamento, algo se revela, que é operatório na ordem simbólica".[45]

A solução do problema no *Mênon* é possível pelo fato de as imagens não se apresentarem tão "inocentemente" ao pensamento humano. Se assim fosse, fazendo um exercício imaginativo, podemos supor que provavelmente nosso escravo estaria, até hoje, multiplicando a área de seu quadrado em proporções geométricas, consequência inevitável da inocente duplicação de seus lados.

O imaginário, entretanto, não é inefável. Ele se inscreve numa ordem simbólica, resultando numa relação ternária. Estaria aí um sentido, entre outros, da fala na análise.[46] Desde o início, a experiência do sujeito está organizada na ordem simbólica. Ao falar de si mesmo, aparecem "rasgões" na fala, rasgões que se produzem no texto mesmo do discurso, permitindo ao analista ir além daquilo que lhe é falado. "É na medida em que algo de irracional aparece no discurso que vocês podem fazer intervir as imagens em seu valor simbólico".[47] Convém lembrar que, a essa determinação simbólica, que confere sua significação às relações imaginárias do sujeito, Lacan denomina Discurso Inconsciente do sujeito: "É aqui que a análise se efetua – na fronteira do simbólico e do imaginário".[48]

Partindo da constatação de que entre o imaginário e o simbólico existe uma hiância e com a ideia de fronteira que essa citação traz, é necessário concluir que é nessa hiância mesma que a análise se efetua. Isso estabelece uma diferença fundamental com os defensores da ideia de que a psicanálise deveria se ocupar da chamada relação de objeto, noção que tem como precondição teórica uma autonomia do imaginário. Lacan, ao longo de todo o *Seminário 2*, contrapõe-se a essa corrente. Segundo ele, "não se trata de procurar uma melhor economia das miragens".[49] A indicação presente nessa citação estabelece ainda uma outra diferença com aqueles que sustentam a ideia de que Lacan, nesse momento de seu ensino, acreditava num tratamento absoluto pelo simbólico. Em momento algum aparece a noção de um simbólico todo, o *A*, como grande Outro não barrado. Até então encontramos, isso sim, um simbólico irracional, incomensurável, e que, portanto, nos aproxima das questões relativas ao infinito.

## O infinito na matemática

### O infinito e seus paradoxos

No livro *Estudos de história do pensamento filosófico*, Alexandre Koyré apresenta-nos um gráfico bem simples, porém capaz de deixar clara a afirmação, utilizada por Lacan, de que não há qualquer medida comum entre a diagonal do quadrado e seu lado.[50]

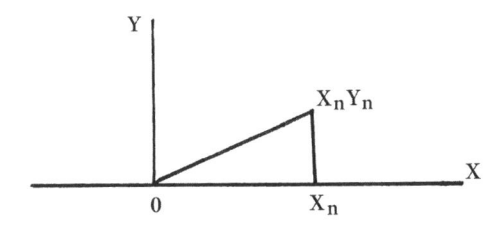

Trata-se de um quadro de coordenadas cartesianas. Se tomarmos como referência $X=Y$, teremos como resultante dessa fórmula a reta $0X_nY_n$. Como diz Koyré, "cada ponto dessa reta tem necessariamente um ponto correspondente na linha das abscissas, e reciprocamente nenhum falta e nenhum sobra".[51] Curiosamente, apesar dessa correspondência dos pontos entre as duas retas, a reta $0X_n$, constituída na abscissa, é menor do que a reta resultante da fórmula, a reta $0X_nY_n$.

Encontramo-nos novamente diante da hiância ressaltada por Lacan. Há um descompasso entre a relação que percebemos na imagem das linhas traçadas, na geometria do gráfico, e a medida, o número, enfim, o estatuto simbólico dessas linhas. Koyré nos mostra esse gráfico ao longo de suas elaborações sobre os paradoxos de Zenão. Esses argumentos, apresentados ao mundo há mais de dois mil anos por Aristóteles, em sua *Física*, foram inicialmente entendidos como paradoxos sobre o movimento. Koyré nos esclarece que o problema levantado por Zenão diz respeito não somente ao movimento, como também ao tempo e ao espaço – que, conforme veremos mais adiante, eram, para os gregos, dados reais e imutáveis. Essas referências, contudo, somente são possíveis na medida em que as noções de infinito e continuidade estão contidas nele.

De maneira resumida, estes seriam os quatro argumentos apresentados por Zenão:

1. Argumento da dicotomia

Não haveria verdade no movimento. Afinal, é impossível atravessar uma reta porque, antes de se atingir a meta, deve-se primeiro alcançar o ponto intermédio da distância a percorrer e, antes de atingir esse ponto, deve-se atingir o ponto que está a meio caminho desse ponto e, assim, *ad infinitum*.

Em outras palavras, se admitirmos que o espaço é infinitamente divisível e que, portanto, qualquer distância finita contém um número infinito de pontos, chegamos à conclusão de que é impossível alcançar o fim de uma série infinita num tempo finito.

2. Aquiles e a tartaruga

Dos dois corpos que se movem numa direção, estando um à frente e outro o seguindo a uma determinada distância, movendo-se, porém, mais rapidamente que aquele, sabemos que o segundo alcançará o primeiro. Contudo, nesse argumento, Zenão nos diz que Aquiles nunca pode alcançar a tartaruga porque, na altura em que atinge o ponto de onde a tartaruga partiu, ela terá se deslocado para outro ponto; na altura em que alcança esse segundo ponto, ela terá se deslocado de novo e, assim, sucessivamente, *ad infinitum*.

Desse modo, numa corrida, o perseguidor nunca poderia atingir o perseguido, mesmo que fosse mais rápido que este. A teoria do espaço que está aqui implícita é a que o supõe infinitamente divisível.

3. O argumento da flecha

Um objeto está em repouso quando ocupa um lugar igual às suas próprias dimensões. Uma flecha em voo ocupa, em qualquer momento dado, um espaço igual às suas próprias dimensões. Consequentemente, uma flecha em voo está em repouso.

O objetivo desse argumento é provar que a flecha voadora está em repouso, como nos quadros na película de um filme, resultado de se admitir a hipótese de que o tempo é composto de momentos. Se não admitirmos essa hipótese, a conclusão não tem viabilidade.

4. O argumento do estádio

Corpos iguais que se movem no estádio ao lado de um igual, com velocidade igual; um a partir do fim do estádio, o outro a partir do meio, um em direção do outro. Disso se deveria concluir que a metade do tempo é igual ao dobro.

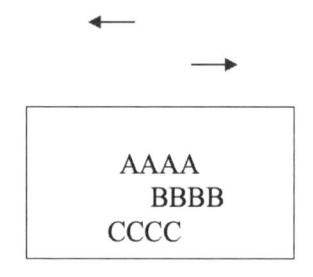

⟵
⟶

```
AAAA
BBBB
CCCC
```

Quando a fileira dos Bs e a dos Cs passam uma pela outra, o primeiro B alcança o último C no mesmo momento em que o primeiro C alcança o último B. Nesse momento, o primeiro C passou todos os Bs, enquanto o primeiro B passou apenas metade dos As e, por consequência, gastou apenas metade do tempo despendido pelo primeiro C, uma vez que cada um dos dois leva o mesmo tempo a passar por cada corpo. Para Zenão, isso implicaria na constatação de que metade de um dado tempo é igual ao dobro desse tempo.

O erro da conclusão consiste no fato de admitir que, no que se move e no que está em repouso, a coisa percorre uma mesma extensão em tempo igual, com velocidade igual. Isso, porém, é falso.

Os paradoxos sobre o movimento apresentados por Zenão nos servem extremamente por apresentar, em suas demonstrações, isso que Koyré nos aponta como questões relativas ao contínuo e ao infinito. Lançaremos mão apenas do paradoxo da dicotomia, que nos parece suficiente para discutir as questões levantadas.

Retomemos, então, o problema da dicotomia. Se uma reta AB qualquer pode ser dividida em sua metade, e essa metade pode ser dividida em sua metade e, assim, sucessivamente, a um número infinito de divisões, somos obrigados a concluir que uma reta é composta por um número infinito de pontos. Essa conclusão, por sua vez, nos leva a alguns impasses no que diz respeito ao movimento: antes que um elemento móvel qualquer possa atingir a extremidade de uma linha, ele deve atingir a sua metade. Contudo, antes de atingir essa metade, ele deve atingir a outra metade dessa metade e, assim, sucessivamente, de forma infinita. Não há, dessa maneira, qualquer possibilidade de esse móvel sequer iniciar seu movimento.

Uma outra face desse impasse pode ser pensada se levarmos em conta o fato de que esse móvel, para atingir a extremidade oposta de uma linha, deve chegar primeiro a uma metade, que, por sua vez, apresenta outra metade, que apresenta outra metade e, assim, sucessivamente, o que resulta no fato de que esse móvel jamais alcançará a outra extremidade dessa linha.

Todos estamos acostumados a percorrer distâncias, a ir de um ponto a outro de nossas casas. Pelo argumento da dicotomia, tal mobilidade, como vimos, seria impossível.

Segundo Koyré, as dificuldades trazidas pelos argumentos de Zenão somente dizem respeito ao movimento em decorrência do fato de que este se desenvolve no tempo e no espaço, duas entidades essencialmente contínuas.

Para tentar alcançar o cerne dos argumentos de Zenão, Koyré elimina o tempo e o espaço do problema reduzindo seu objeto de pesquisa ao "*quantum* contínuo ou o próprio contínuo".⁵² Para tanto, ele traduz os paradoxos de Zenão para a geometria, para as grandezas matemáticas, como no gráfico já apresentado.

O problema da dicotomia ganha então a seguinte configuração:

> A distância, o caminho – não o caminho percorrido, mas o caminho que deve ser percorrido – é divisível ao infinito antes de qualquer medida e de qualquer movimento; ele contém uma infinidade real de pontos. Se 'compusermos' a reta como a 'soma' de uma infinidade de pontos ou, pelo contrário, se a tratarmos como uma unidade dada e primordial, limitando-nos a ressaltar nela os pontos a título de elementos secundários, o resultado é o mesmo. Nos dois casos, trata-se do infinito real. Não temos necessidade do movimento e do movente: a reta geométrica nos coloca, já, frente a todas as dificuldades da dicotomia.⁵³

Ou seja, uma reta, como as presentes no gráfico, apesar de aparentar ser finita, composta por um número finito de pontos, na verdade "esconde" um número infinito de pontos, um infinito real. Koyré chega mesmo a afirmar que os paradoxos de Zenão se ocultam em todo teorema geométrico, em toda forma algébrica, em toda proposição aritmética.

## Uma breve história do infinito na matemática

Para a matemática moderna, os primeiros princípios, ou seja, os axiomas, definições ou postulados não são mais que convenções. O espaço, por exemplo, é entendido pelos matemáticos modernos como relativo e mesmo amorfo. Para os matemáticos da antiga Grécia, contudo, o espaço era imutável e absoluto, o que, segundo Paul Henri Michel, explica o motivo pelo qual os geômetras antigos falavam tão pouco do espaço, enquanto os modernos falam dele constantemente.

Para os gregos, a verdade absoluta dos primeiros princípios não havia como ser questionada. Portanto, se os conceitos iniciais fossem criados pela atividade do espírito humano, isso não aconteceria por mera arbitrariedade, e mesmo que houvesse um erro nessa criação, este não impediria a verdade de existir por si só. Os elementos matemáticos podiam ser entendidos como conceituais, porém jamais como produto de uma ficção. Os gregos não acreditavam que criavam sua ciência, mas que descobriam um aspecto do real, de uma ordem real.

Os geômetras gregos, fossem eles discípulos de Pitágoras, fossem de Euclides, admitiam os fenômenos geométricos naturais, que, na verdade, seriam uma resultante daquilo que o espírito é capaz de constituir e da natureza das coisas. Para eles, uma noção suficientemente clara não necessitaria de provas. Uma figura geométrica não precisaria ser demonstrada para efetivamente existir.

Para Platão, de maneira ainda mais radical, a figura geométrica não seria mais do que uma imagem grosseira da figura real. Haveria, por exemplo, o círculo em si, cujo desenho não passaria de uma sombra, um reflexo. A figura geométrica sugeriria a figura real, sem, contudo, representá-la. Se seguirmos tal pensamento, somos inevitavelmente levados à constatação de que o geômetra, apesar de partir de um mundo de fatos naturais, se engaja na verdade em um mundo ideal.

A partir dessas referências do pensamento grego, não é exatamente de surpreender sabermos que o encontro com as grandezas incomensuráveis tenha produzido efeitos desestabilizadores para o pensamento matemático da época.

Para Pitágoras, particularmente, havia uma relação direta entre o número e a intuição espacial, ou seja, uma reciprocidade entre a aritmética e a geometria, que se ocupava do contínuo.[54] Inclusive havia, entre os pitagóricos, a teoria dos números figurados: os números triangulares, retangulares, e assim por diante. Toda grandeza conhecida deveria possuir um número que seria inclusive o responsável mesmo pelo conhecimento dessa grandeza. Dessa maneira, toda grandeza teria uma estrutura numérica, racional (na medida em que é composta por números inteiros) e comensurável.

O encontro dos pitagóricos com as grandezas incomensuráveis, a partir da descoberta da "não relação" entre a diagonal do quadrado e seu lado, colocará em questão essa relação entre o contínuo e o número. Como consequência, a aritmética vai se separar da geometria, ciência do contínuo, dividindo, assim, a matemática em dois campos.

Posteriormente, no século V (a.C.), descobre-se que é possível construir um número ilimitado de irracionais entre duas grandezas contínuas[55] e, no quarto final desse mesmo século, já se tem plena consciência das grandezas irracionais. Só assim o até então impensável ganha o estatuto de incomensurável, e o encontro de números como $\sqrt{2}$ e $\sqrt{3}$ torna insustentável a noção de que o número seria uma coleção de unidades. A irracionalidade passa definitivamente a ser associada à noção de infinito. Contudo, somente no século XVII de nossa era, a dicotomia existente entre a geometria e a aritmética vai encontrar sua equação no cálculo infinitesimal.[56]

## O contínuo e o infinito

Para Koyré, as contradições sobre o infinito são apenas aparentes. Elas são consequência de duas confusões: a identificação do indefinido com o infinito e a aplicação de conceitos finitistas, como a igualdade numérica, ao infinito.

> Os conceitos de infinito virtual, de crescimento infinito, e de variação sem fim aos quais se quis conduzir o infinito real ou que se pretendem mesmo substituir a ele, repousam, pelo contrário, nele, e logicamente o pressupõem. O infinito virtual só é possível logicamente sobre a base do infinito real. É apenas no infinito (real) que uma grandeza, uma variável, pode aumentar e variar ao infinito.[57]

O que ele tenta nos mostrar é que o infinito, enquanto é entendido como indeterminado, não pode ser visto como acabado. Tal noção, contudo, se aplica muito bem ao infinito real. Koyré exemplifica: "Se podemos designar, sobre uma reta, um número infinito de pontos, é porque eles estão lá. Se podemos contar até o infinito, é porque o número de números finitos é infinito".[58]

A afirmação de que um número finito possa ser igual a sua metade é absurda; contudo, com a noção de infinito real, de acordo com Cantor, podemos afirmar que um todo infinito é equivalente a uma de suas partes. Por exemplo, o número de todos os números racionais não é maior do que o de todos os números. A noção de igualdade é uma noção que se refere ao finito, enquanto a noção de equivalência, que não significa igualdade, é uma referência ao infinito.

Já sobre o contínuo, Koyré nos diz ser essa uma ideia simples e irredutível a qualquer outra, da mesma forma que a ideia de infinito. Contudo, é necessário distinguir o contínuo da grandeza contínua, pois o contínuo mesmo escapa de qualquer determinação de grandeza ou número. Ele é a alteridade em si. Não se pode enumerá-lo ou medi-lo. O princípio da equivalência não lhe serve, pois é indivisível; não há todo, não há partes. Não é multiplicidade nem também é unidade.

> É, exatamente, essa propriedade quase *inefável* da expressão contínua que aparece nas grandezas contínuas e que faz com que o espaço infinito corresponda na sua totalidade a qualquer uma de suas partes, e que transposto para um segmento qualquer de uma reta geométrica, ele possa ser representado por ela. É exatamente aqui, na passagem do contínuo puro, em si, para a grandeza contínua, para a parte limitada do espaço, que se situa o 'abismo' – este abismo que, de fato, está preenchido de todas as suas partes reais, as retas, os corpos, etc.[59]

Para Koyré, a questão fundamental não é se perguntar como um corpo consegue atravessar o abismo de um espaço divisível ao infinito, pergunta a que somos inicialmente levados a formular a partir dos paradoxos de Zenão. Para ele, a questão fundamental é como que o contínuo, que transcende a qualquer determinação de grandeza, pode se tornar uma reta ou um corpo. Diz ele: "O que não podemos apreender é a ideia de contínuo".[60]

## "Energética lacaniana"

Até então nos deparamos com tratamentos diversos para as questões suscitadas pelos paradoxos do contínuo e do infinito. Zenão aborda esses paradoxos a partir dos argumentos sobre o movimento. Koyré, por razões que me parecem sobretudo didáticas, nos mostra que os problemas relativos ao movimento estão diretamente relacionados ao tempo e ao espaço. Isolando essas variáveis, ele consegue nos apresentar esses paradoxos a partir de suas referências matemáticas. Lacan inicia por essa vertente a elaboração presente em seu *Seminário 2*. A escolha do *Mênon* de Platão mostra-se como uma bela introdução a toda essa problemática.

As referências trabalhadas por Koyré permitem assinalar um ponto fundamental: a impossibilidade de apreensão da ideia de contínuo. O contínuo apresenta-se como o que não cessa de não se escrever. Não é possível desenhá-lo, abordá-lo pela geometria, nem mesmo calculá-lo pela aritmética. O desenho, como fica claro no gráfico que Koyré nos apresenta, mostra, pelo paradoxo de sua forma, a sua insuficiência para escrever o contínuo, e a abordagem aritmética, simbólica, por sua vez, nos coloca frente a frente com a questão do infinito. Entre o desenho e o número, entre o imaginário e o simbólico, encontramos a insistência do abismo apontado por Koyré, equivalente imaterial da hiância assinalada por Lacan.

Os gregos, em sua crença de que a toda grandeza real corresponderia um número, demoraram um certo tempo até se depararem com essa impossibilidade apresentada pelo contínuo. Lacan, referindo-se a Platão, dizia que este, apesar das aparências, certamente não entenderia o que é a psicanálise, "porque existe aí um abismo, uma falha…"[61] Essa opinião sobre Platão certamente se aplicaria àqueles aos quais Lacan se referia em "Situação da Psicanálise e formação do psicanalista em 1956", que tentavam fazer do imaginário um real – e mesmo fazer desse imaginário uma norma do real. Vimos até então que Lacan trabalha, em seu retorno a Freud, com a intenção de mostrar o estatuto irracional do simbólico e a disjunção que se estabelece entre este e o imaginário. Além disso, ressalta o fato de que essa disjunção faz fronteira com uma hiância que permanece irrepresentável, sendo essa hiância o *topos* da experiência analítica. Seu esforço se faz no sentido de desfazer o equívoco dos pós-freudianos em tentar fazer do Eu o eixo dessa experiência. Tal equívoco tem dois pontos de sustentação. Um deles é o desconhecimento do simbólico e sua irracionalidade, e esse desconhecimento cria as condições para o outro ponto de sustentação, que é a tentativa de fazer do imaginário um real, ou seja, recobrir o real fazendo do imaginário um todo, fazendo Um do Eu.

Não podemos, obviamente, debitar essa dificuldade de entender a psicanálise a uma dificuldade com as questões relativas ao movimento nem unicamente a um problema com a matemática. Trata-se certamente de um problema teórico e, para entendê-lo, é necessário apreender a articulação de Lacan do Esquema L e o "Além do princípio do prazer".

## O simbólico e o "Além do princípio do prazer"

Seguindo sua elaboração no *Seminário 2*, Lacan introduz o tema da energética. Afinal, lembra-nos, o que fez Freud escrever "Além do princípio do prazer" foi o encontro, na clínica, do que ele chamaria compulsão à repetição, a *Wiederholungszwang*, que subverteu o princípio da homeostase do princípio do prazer colocando em questão toda a teoria dos investimentos, cargas e descargas e colocando, enfim, em questão toda uma energética freudiana que tem no conceito de libido um representante fundamental.

O advento da máquina teria sido determinante para introduzir a questão energética no campo da psicanálise. Afinal, diria Lacan, "a máquina encarna a mais radical atividade simbólica no homem".[62] Contemporânea da ciência, a psicanálise foi inventada num mundo que já convivia com as máquinas e que assistiu à formulação do segundo princípio da termodinâmica. Se o primeiro princípio estabelece que, nas transformações que se processam dentro de um sistema, há a conservação de energia, o segundo princípio nos apresenta o conceito de entropia, definindo que, embora exista conservação de energia dentro dos sistemas, essa tende, de maneira irreversível, à desordem, convertendo-se, dessa forma, em energia não aproveitável. Por exemplo, um líquido quente se esfria ao simples contato com o ar frio, que, por sua vez, esquenta. Retornar cada um desses elementos a sua temperatura anterior não se faz com a mesma facilidade sem um dispêndio maior de energia aproveitável. É o que observamos, por exemplo, nos fogões e geladeiras de nossas casas. Podemos ainda observar que, quando deixamos um copo de vidro cair, ele facilmente se quebra, e certamente não encontraremos no processo inverso a mesma "espontaneidade". Trata-se de uma via de mão única.

A introdução da noção de entropia nos conduz à noção de pulsão, particularmente à de pulsão de morte. Podemos encontrar também na pulsão de morte uma pressão, uma energia que se conduz numa via de mão única. Assim como Freud a concebeu, a pulsão, em sua busca de satisfação, tende à desordem e tem, na irreversibilidade de seu trajeto, uma característica preponderante. Afinal, o seu caminho de retorno é barrado, interditado, sendo necessário que ela siga seu trajeto em busca do inorgânico através da vida.

Para Lacan, nesse momento, a pulsão de morte se apresentaria na dimensão mesma do simbólico em sua insistência, em sua repetição: "...a máquina se mantém, ela desenha uma certa curva, uma certa persistência. E é pela própria via desta subsistência que algo de diferente se manifesta..."[63]

No desenvolvimento de sua energética, ele diz que, no animal, existiria uma espécie de convergência entre o que é da ordem da aprendizagem e o que diz respeito à maturação do instinto. Seria um chamado do meio ambiente o que provocaria a emergência do instinto com a cristalização de formas, comportamentos e condutas. Consequentemente, acabaria sendo muito difícil distinguir o que é verdadeiramente aprendizagem do que é uma resposta do instinto.

No homem, também haveria algo dessa capacidade presente no animal, de reconhecer seu objeto natural. Existiria, no humano, "a captura na forma... a tomada na miragem da vida".[64] Isso parcialmente justificaria Platão e sua teoria das reminiscências. Contudo, a entrada do simbólico como terceiro termo provoca uma reviravolta nessa apreensão do objeto, não mais na ordem da reminiscência, mas na da repetição em que o homem encontra seu caminho.

O animal, pelas razões expostas acima, encaixa-se muito bem em seu meio: ele reconhece seu parceiro sexual, seu semelhante, e encontra, dessa maneira, seu lugar em seu ambiente. Vemos que, no animal, pelo menos enquanto está na natureza, não se pode verificar qualquer estrutura de disjunção ou hiância.

Já o homem, nos diz Lacan, "é a má forma que é prevalente. É na medida em que uma tarefa está inacabada que o sujeito volta a ela. É na medida em que um fracasso foi acerbo que o sujeito se lembra melhor dele".[65] E é exatamente isso o que a psicanálise desvenda, nos diz em 1954, "a aplicação estritamente inadequada de certas relações simbólicas totais, e isso implica diversas tonalidades, por exemplo, a imisção do imaginário no simbólico, ou inversamente".[66]

Ou seja, o homem tenta superar essa barreira impossível de ser transposta, impossibilidade decorrente, como nos diz Lacan, dessa entropia, dessa entrada da máquina como terceiro termo, subvertendo a relação com o objeto. De maneira distinta do animal, o homem opera na via de certo excesso, seja simbólico, seja imaginário, na tentativa de tamponar essa hiância fundamental e estruturante. A pulsão de morte é, pois, o efeito dessa entrada do terceiro termo, do simbólico. A persistência do simbólico e sua dimensão estruturante, em disjunção com o imaginário, tendo como efeito uma hiância, é a condição da pulsão de morte. Essa hiância, ponto focal da psicanálise, o sujeito tenta preencher por intermédio dessa totalização simbólica. E essa totalização, Lacan já nos apresentava como sendo o ideal teórico da libido:

> Portanto, a noção de libido é uma forma de unificação do campo dos efeitos psicanalíticos. Gostaria, agora, de lhes fazer notar que seu emprego se situa na linha tradicional de qualquer teoria como tal, que tenha tendência a ir dar num mundo, *terminus ad quem* da física clássica, ou num campo unitário, ideal da física einsteiniana.

> Nós não estamos no ponto de poder transpor nosso pobre campinho para o campo da física universal, mas a libido é solidária do mesmo ideal. Não é a troco de nada que esse campo unitário é chamado de teórico – é o sujeito ideal e único de uma *theoria*, intuição, até mesmo contemplação, cujo conhecimento exaustivo nos permitiria, ao que se supõe, engendrar tanto todo seu passado como todo seu futuro…[67]

Lacan então ressalta que não há nada mais afastado da experiência freudiana do que esse ideal totalizador do simbólico, esse ideal da libido.

Na perspectiva clássica, teórica, há uma conjugação entre sujeito e o objeto, ou seja, eles têm que se adequar numa relação de ser com ser. Na psicanálise, de maneira bem diversa, encontramo-nos diante da relação do sujeito com sua falta a ser. O ser ganha algo de existência a partir mesmo dessa falta. E é essa relação do ser com a falta que Lacan chama de desejo. Uma falta que se acha para além de tudo que possa ser nomeado, sendo esse nada que possa ser nomeado a causa fundamental do desejo.

Não há, portanto, um significante que represente no simbólico o ser do sujeito. Dessa maneira, assim como o infinito não escreve o contínuo, o simbólico não escreve o real. E, assim, parece que podemos entender o estatuto de contínuo que Lacan atribui ao simbólico.

Se, para a psicanálise, não é possível apreender o ser ocupando-se da hiância, ela pode designar o seu ponto de fuga, um ponto não apreensível e que é o ponto do surgimento da relação do sujeito com o simbólico. Esse ponto, esse umbigo, é o que Lacan denomina ser, que não pode ser apreendido cientificamente mas tem sua direção indicada pelos fenômenos da experiência analítica. Desconhecendo o simbólico, no ideal teórico de totalização do Eu, não haveria, nos pós-freudianos, lugar para o desejo.

## O imaginário humano não é sem o simbólico

Na natureza, a função imaginária está presente das mais diversas formas. A captação da imagem pelos parceiros é essencial nos rituais de acasalamento, fundamentais para a sobrevivência das espécies, bem como é também definidora nas situações de rivalidade entre os animais. Contudo, pela presença do simbólico, naquilo que é humano, o imaginário apresenta-se como um "elemento de tipicidade".[68] Ou seja, no homem, a função imaginária se apresenta de maneira radicalmente distinta da maneira como se apresenta na natureza. Lacan nos ensinou que, na ordem humana, a função simbólica intervém em todos os momentos e em todos os níveis de sua existência. Não seria diferente, portanto, no que diz respeito ao imaginário.

No homem, como já assinalamos anteriormente, não há conascimento, coaptação entre o sujeito e o objeto. Encontraremos, em O Seminário, livro 4: a relação de Objeto, a maneira pela qual Lacan desenvolve, a partir da constituição do objeto, a formação do imaginário no humano.

Nas primeiras experiências da criança, a figura da mãe que a alimenta constitui-se como seu primeiro objeto. Esse objeto tem estatuto simbólico na medida em que é experimentado pela criança em sua alternância de presença e ausência. O que aparece diante da criança, quando ela é, de alguma maneira, satisfeita pelo outro, é a imagem desse outro. Isso quer dizer que a mãe se constitui como o primeiro objeto para a criança, pela alternância da presença e da ausência de sua imagem diante dela. Com a inevitável frustração da criança, seja em função da insaciabilidade da demanda, seja da vontade autônoma da mãe, esta decai de sua posição simbólica e passa, então, a ser tomada em sua dimensão real e caprichosa. A mãe real, em sua onipotência, surge então como possuidora dos objetos que, de acordo com seu capricho, poderão satisfazer ou não a criança. Esses objetos, no descimento da mãe de seu estatuto simbólico para real, ascendem à dimensão simbólica, sendo, então, reconhecidos como um dom da mãe. À criança resta a possibilidade de se alojar ali onde ela acredita ser amada pela mãe, tentando, em sua interpretação, localizar o desejo desta identificando-se ao objeto imaginado desse desejo, na tentativa de, assim, iludi-lo.[69]

Podemos dizer que a relação da criança com a imagem se dá, portanto, em dois tempos. Num primeiro tempo, a partir da imagem do outro, a criança tem, como nos diz Lacan, sua primeira apreensão do simbólico. Pela relação simbólica com esse outro, o grande Outro se constitui. Num segundo tempo, a criança se identifica com a imagem por ela interpretada, no encontro com os objetos simbólicos da mãe. Portanto, não há, no humano, relação direta, pura, com a imagem. Como bem assinalado por Lacan, a imagem somente é apreendida pela criança em sua referência simbólica.

Essa tipicidade é a marca diferencial e definitiva do homem. O homem se toma a partir do Outro e é outro para si mesmo. A unidade por ele conquistada é alienada e virtual, e, como encontramos no texto sobre o estádio do espelho, o sujeito se reconhece "ali onde a instância do Eu, numa linha de ficção, somente se unirá assintoticamente ao devir do sujeito".[70] Entre o irracional do simbólico e a ilusão de unidade do imaginário, encontramos, já no "Estádio do espelho", uma referência de Lacan à hiância – aqui apenas suplantada numa linha de ficção e, mesmo assim, de forma assintótica, ou seja, numa linha de ficção virtualmente infinita:

> A própria imagem do homem fornece uma mediação, sempre imaginária, sempre problemática que não se acha, pois, nunca completamente efetivada. Ela se mantém através de uma sucessão de experiências instantâneas, e esta experiência, ou bem aliena o homem de si próprio ou bem vai dar numa destruição, numa negação do objeto.[71]

O sujeito, como dissemos, de maneira bem diferente do animal, não tem qualquer relação direta com o objeto; é em relação ao Outro que as relações com o objeto ganham sentido, e ganham sentido porque, na relação com o Outro, esse objeto pode ser nomeado. Além disso, o Eu, já nos dizia Freud, é esse objeto privilegiado, a partir do qual todos os objetos são olhados. Assim, é por não se confundir com o objeto, por estar diante desde sempre em uma relação assintótica, infinitamente separados, numa relação de falta, que o sujeito deseja. E é também por não se confundir com sua imagem, com sua percepção, que o homem não se cala pela influência do simbólico. Essa mesma sorte faltou aos planetas, silenciados que foram pelo avanço da ciência. Lacan nos diz que os planetas, que antes tanto pareciam dizer, foram calados em função da descoberta por Newton das fórmulas da gravitação universal. Por se confundirem consigo mesmos, por não poderem ser tomados por outros, foram, por sua redução ao simbólico, condenados ao silêncio.

Esse é mais um alerta para nos lembrar da importância da hiância na constituição do humano. Esse real, mais além de qualquer esforço simbólico, mais além de qualquer delineamento imaginário, mais além do princípio do prazer, é fundamental ao humano.

O Esquema L, que se apresenta simplificado na questão preliminar, o esquema do além do princípio do prazer, é a topologia[72] lacaniana do inconsciente nesse momento de seu ensino. É a topologia de um inconsciente estruturado pelo discurso contínuo do Outro, resultando que, em S, em *Das Es*, encontre-se o sujeito em sua abertura, um sujeito que não sabe o que diz, mas que se reconhece na unidade de *a* acreditando que esse eu seja ele, e, em *a'*, seus semelhantes.

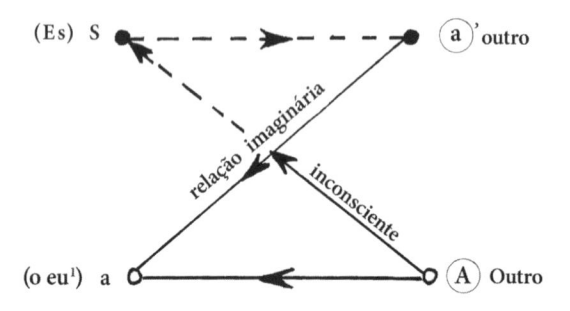

É a partir da ordem definida pelo muro da linguagem que o imaginário toma sua falsa realidade, que é, contudo, uma realidade verificada. O eu, tal como o entendemos, o outro, o semelhante, estes imaginários todos, são objetos. É verdade que eles não são homogêneos às luas – e, a cada instante, corremos o risco de esquecer isto.[73]

O esquema de Lacan é uma forma de nos fazer lembrar daquilo que, a cada instante, podemos nos esquecer.

# PULSÃO DE MORTE: A SUPRESSÃO DA HIÂNCIA

Como vimos, simbólico e imaginário se tensionam deixando uma hiância impossível de se recobrir e na qual podemos localizar o real, o resto não apreensível.

> Os sujeitos vivos animais são sensíveis à imagem de seu tipo. Ponto absolutamente essencial graças ao que a criação viva toda não é uma imensa suruba. Mas o ser humano tem uma relação especial com a imagem que lhe é própria – relação de hiância, de tensão alienante. É aí que se insere a possibilidade da ordem da presença e da ausência, ou seja, da ordem simbólica. A tensão entre o simbólico e o real está aí subjacente. Ela é substancial, se consentirem em dar ao termo substância seu sentido puramente etimológico. Trata-se de um *upokemeïnon*.[74]

Essa afirmação presente quase ao final do *Seminário 2* sintetiza, de certa maneira, esse estatuto do aparelho psíquico estabelecido por Lacan nos anos 1950 e suas consequências para a concepção do que se pode chamar de humano. Aquilo que caracteriza o humano e que se repercute na constituição do aparelho psíquico se dá na tensão alienante de uma hiância, que é fruto da articulação entre o simbólico e o imaginário.

## O sujeito e o Eu: modelos para entender o descentramento

## O impasse imaginário

Lacan nos propõe um modelo que nos permite pensar a dimensão imaginária do Eu e, podemos dizer, o imperativo lógico de seu descentramento do sujeito. Ele sugere que pensemos em maquininhas, "para as quais somos capazes de fornecer, graças a órgãos intermediários de todo o tipo, uma homeostase e algo que se assemelha a desejos".[75] Essas máquinas seriam construídas inacabadas, bloqueadas, só podendo constituir-se, finalmente, como um mecanismo em si mesmo, ao perceber uma outra máquina totalmente semelhante mas que, numa experiência anterior, já teria adquirido sua unidade. Dessa maneira, cada máquina estaria condicionada à percepção do estádio alcançado pela outra. Lacan assinala que isso corresponde ao elemento de fascinação.

Com esse modelo, ele nos mostra como que uma máquina estaria totalmente alienada na outra. Ou seja, aquilo para o que se vai dirigir a primeira máquina sempre estará na dependência daquilo para o que vai se dirigir a outra. O que resulta disso é um impasse que, lembra Lacan, é próprio à constituição do objeto humano. É isso que ele chama de dialética do ciúme: "um eu, inteiramente pendente da unidade de um outro eu, é estritamente incompatível com ele no plano do desejo".[76]

Essa incompatibilidade se deve ao fato de que serei eu ou ele quem terá um objeto desejado, o que exatamente por isso faz desse objeto desejado um objeto temido; ele tem de ser de um ou de outro, produzindo uma situação de rivalidade. Essa rivalidade inaugural é meramente virtual, mas exemplifica muito bem a necessidade de um terceiro. Para que a primeira maquininha inacabada, alienada na outra que já se fez unidade, possa chegar a um bom termo; para que elas não se destruam no ponto de convergência de seu desejo – que, nesse momento inaugural virtual, pelo menos no que diz respeito a esse desejo, fez delas um só e mesmo ser –, seria necessário que a primeira maquininha pudesse dizer à outra "Desejo isto!", o que, havendo sujeito, se transformaria em "Tu, outro, que és minha unidade, desejas isto".[77]

Lacan faz uma ressalva ao nos dizer da impossibilidade desse modelo. Afirma que esse momento virtual inaugural não acontece jamais, pois o humano já se funda na linguagem. A brincadeira das máquinas, contudo, permite-nos perceber a especificidade apresentada pela noção de inconsciente que ele elabora. Esse terceiro é encontrado no inconsciente, "lá onde deve estar situado para que o balé de todas as maquininhas se estabeleça, ou seja, acima delas…"[78] No *Seminário 4* encontramos o mesmo encadeamento de ideias quando ele se refere ao primeiro encontro com o simbólico da criança com o surgimento da pergunta do desejo, a partir do enfrentamento da presença/ausência da mãe. Posteriormente, poderemos ver como que, em Schreber, seja no vazio que se abre com a presença/ausência da mãe, seja no impasse imaginário na relação com Deus, sua temática delirante aponta esse modelo das maquininhas, que pode ser bastante esclarecedor.[79]

### A atemporalidade da mensagem simbólica

Vimos, no primeiro capítulo, que o simbólico tem um estatuto contínuo, irracional. Esse contínuo da frase simbólica permite-nos operar com a ideia de atemporalidade do inconsciente. Para melhor entendê-la, Lacan nos convida para pensar a partir do modelo fornecido pelas calculadoras.

Ele diz que as pessoas não acreditam que as máquinas de calcular tenham memória,[80] e que isso se deve ao desconhecimento de que a memória humana é constituída de tal maneira que coloca em causa, a cada instante, as imagens que teriam sido feitas na memória até então. Retornando às máquinas, diz que, para que estas se recordem no momento de cada pergunta, das perguntas que lhes foram feitas anteriormente, foram construídas de modo a manter a primeira experiência sempre circulando nela no estado de mensagem. Em seguida, nos apresenta o exemplo:

> Suponham que eu mande um telegrama daqui ao Mans, ao encargo do Mans de reenviá-lo a Tours, de lá a Sens, de lá a Fontainebleau, e de lá a Paris, e assim indefinidamente. Quando chego ao rabo da

minha mensagem é preciso que a cabeça ainda não o tenha alcançado. É preciso que a mensagem tenha o tempo de girar. Ela gira depressa, ela não para de girar, fica dando voltas.[81]

Esse modelo permite-nos esclarecer a afirmação de que o inconsciente é o discurso do outro. Não se trata, segundo Lacan, de uma abstração, nem do outro da díade, o correspondente, nem do outro como escravo. O discurso do outro

> (...) é o discurso do circuito no qual estou integrado. Sou um dos seus elos. É o discurso de meu pai, por exemplo, na medida em que meu pai cometeu faltas as quais estou absolutamente condenado a reproduzir... Estou condenado a reproduzi-las porque é preciso que eu retome o discurso que ele me legou, não só porque sou o filho dele, mas porque não se para a cadeia do discurso...[82]

Portanto, dizer que o Inconsciente é o discurso do outro, com letra minúscula, mostra a herança que tal definição tem da ideia de intersubjetividade. É possível perceber que, lentamente, Lacan vai promovendo esse pequeno outro a grande Outro quando exclui a ideia do semelhante na referência a esse discurso, salientando que é um discurso que se perpetua e dando-lhe uma envergadura mais transcendental.

Aqui se tornam também mais claras as razões que o levaram a dizer que o Esquema L é o esquema de "Além do princípio do prazer". A persistência contínua da frase simbólica é o que estabelece o discurso que o sujeito se vê forçado a repetir. Assim, a circulação da mensagem está intimamente ligada às noções de compulsão à repetição e supereu.[83]

Para deixar isso mais claro, Lacan nos remete à tragédia de Édipo. O inconsciente de Édipo seria aquele discurso fundamental, que, embora estivesse escrito desde sempre, e que todos o conhecêssemos, era por ele ignorado. Tal ignorância não impediu que ele fosse um joguete desse discurso. Assim, todo o valor da tragédia estaria no desvelamento desse discurso, que seria a realidade – realidade, contudo, desconhecida por Édipo.

## O tríodo

Lacan vai nos explicar que é nessa persistência da mensagem em seu circuito ininterrupto que se encontra o sentido do que Freud chama de pulsão de morte. Para ele, a ideia de que a pulsão de morte definiria o fim do princípio do prazer pela dissolução concreta do cadáver é muito abusiva. A pulsão de morte é algo "menos absurdo, menos antibiológico, menos anticientífico".[84]

A libido se dirige de volta à morte por um caminho nem um pouco direto. Ela o faz pelos caminhos da vida. Aqui retomo a citação de Lacan: "(…) a máquina se mantém, ela desenha uma certa curva, uma certa persistência".[85] Seria exatamente essa persistência a grande descoberta da psicanálise, ou seja, a discordância radical das condutas essenciais do homem com relação a tudo o que ele vive. "É algo que vai aos saltos, aos pulos".[86] Assim, como vimos anteriormente, a libido mantém um ideal que poderia até ser chamado de teórico, totalizante. A persistência da mensagem, do discurso contínuo do Outro, topologizada no Esquema L, em discordância com o Eu, é esse impossível retorno, que, por sua vez, é a força motriz da pulsão de morte.

Essa impossível síntese do homem levou Freud a escrever "Além do princípio do prazer", pois sua experiência clínica havia lhe ensinado que não seria possível transformar o inconsciente em consciente; que não seria possível transformar em memória tudo o que se apresentava como repetição na vida de um homem e que aquilo que não havia como ser dito – e que permanecia, portanto, sendo repetido – seria talvez a parte mais importante de sua sexualidade.[87] Para Lacan, a disjunção entre o imaginário e o simbólico, a resistência que o imaginário representava ao livre trânsito da frase simbólica, seria o responsável pela manutenção da hiância articulada em uma estrutura de discurso, esse impossível percebido por Freud.

O Esquema L busca mostrar essa disjunção, em que "a resistência e a significação do inconsciente correspondem uma com a outra que nem o avesso e o direito, que aquilo que funciona segundo o princípio do prazer no sistema dito primário aparece como realidade no outro e inversamente".[88] Para desenhar esse esquema, Lacan inspira-se no mecanismo das válvulas eletrônicas, precursoras dos transistores.

As válvulas eletrônicas ou termiônicas inspiram-se no efeito termiônico, em que há uma emissão de elétrons por um metal aquecido, efeito descoberto por Thomas Edson em 1883. Basicamente trata-se de um filamento que é aquecido dentro de uma ampola sob vácuo (a presença de ar impede a emissão de elétrons) e de um ânodo que, quando polarizado positivamente, faz com que os elétrons emitidos pelo aquecimento do filamento sejam atraídos pelo potencial positivo do ânodo, fazendo circular uma corrente pelo circuito. Se o ânodo for polarizado negativamente, ele repelirá os elétrons emitidos pelo filamento e não haverá corrente pelo circuito. Isso é o que, na prática, se chama diodo retificador.[89]

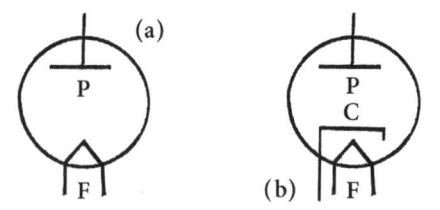

A figura (a) traz o símbolo padrão para representar o diodo. Os elétrons circulam do filamento *F* (ou catodo na figura (b)) em direção ao anodo *P*. Frisa-se aqui a importância desse modelo, na medida em que o diodo é responsável pela criação de uma corrente contínua. O termo "contínuo" já nos mostrou a importância e prevalência nesse momento da elaboração lacaniana, e aqui o vemos também associado à ideia de continuidade, de ausência de interrupção. Entretanto, na verdade, é o modelo do tríodo o que vai ser utilizado por Lacan:

> Todos aqueles que manipularam rádio conhecem isso – uma válvula tríodo – quando aquece no catodo, os eletronzinhos vêm bombardear

o ânodo. Se houver algo no intervalo a corrente elétrica passa ou não conforme isso se positive ou negative. Pode-se realizar uma modulação da passagem da corrente à vontade ou, mais simplesmente, um sistema de tudo ou nada.[90]

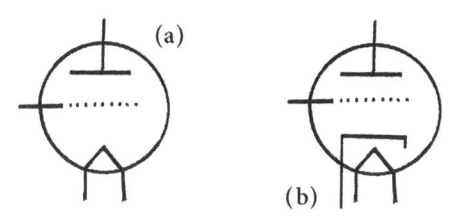

Nessa figura podemos perceber que, entre o cátodo e o ânodo, existe um terceiro elemento, a "grade de controle", que faz a regulação apontada por Lacan. Essa grade corresponderia à resistência da função imaginária do Eu. O Eu desempenha, no modelo lacaniano do esquema L, uma função de obstáculo, de filtro ao discurso do inconsciente. Não se trata de uma relação de negativo a positivo; se não houvesse essa relação de atrito, iluminação e aquecimento, os efeitos de comunicação no nível do inconsciente não seriam apreensíveis.

Podemos então entender o Esquema L como o esquema em que a corrente contínua do Inconsciente circula, mas é modulada pela grade reguladora do Eu, que, às vezes deixa, às vezes não, passar a mensagem.

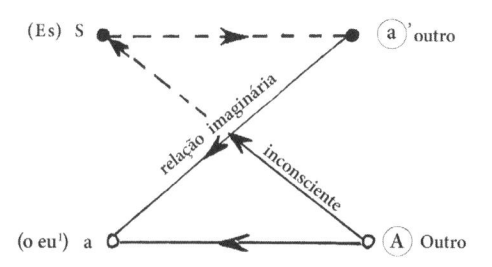

## Mais de uma maneira de morrer

Vimos que a disjunção estabelecida entre o simbólico e o imaginário, representada no Esquema L por Lacan, apresentava para ele fundamental importância. O fascínio da imagem, se experimentada como no modelo das maquininhas, sem a intervenção da dimensão simbólica, precipitaria o sujeito no desastre, no colabamento da redução ao outro. Da mesma maneira, uma existência meramente simbólica lançaria o sujeito numa indiferença, num desconhecimento absoluto, na inapreensibilidade da experiência do inconsciente. Assim, essa hiância constituinte e constituída pela disjunção do simbólico e do imaginário, do sujeito e do Eu, mostra ser inquestionável quando se pensa na estrutura. O real aqui já se apresentava como intratável.

### A síndrome de Cotard

A libido, em seu ideal totalizante, buscaria o ultrapassamento dessa hiância. Aí está a suposta "intencionalidade" da pulsão de morte. Vencer o impossível demarcado pela disjunção entre o simbólico e o imaginário representaria esse encontro com a morte, e esse encontro poderia ocorrer por duas vias.

Uma via seria aquela que se encontra desenvolvida no modelo das maquininhas. Por essa via, o sujeito se reduziria a não ser nada além do que sua própria imagem. Como exemplo dessa morte, remeto-me à citação de Lacan sobre a melancolia:

> No meio deste mundo miraculoso, encontramos velhíssimas senhoras, velhíssimas solteironas, cuja primeira declaração junto a nós é – *Não tenho boca*. Elas nos informam que tampouco têm estômago, e que, ademais, não morrerão nunca. Em suma, elas têm uma relação muito grande com o mundo das luas. A única diferença é que, para estas velhas senhoras, vítimas da síndrome chamada Cotard, ou delírio de negação, no final das contas, é verdade. Aquilo a que elas se identificaram é uma imagem à qual falta toda e qualquer *hiância*, toda e qualquer aspiração, todo vazio do desejo, isto é, o que constitui propriamente a propriedade do orifício bucal. Na medida em que se opera a identificação do ser à *sua pura e simples imagem*, não há tampouco lugar para a mudança, ou seja, para a morte. É justamente

disto que se trata na temática delas – elas, ao mesmo tempo, estão mortas e não podem mais morrer, elas são imortais – como o desejo. Na medida em que aqui o sujeito se identifica simbolicamente com o imaginário, realiza, de certa maneira, o desejo.[91]

Lacan desenvolve essa interessante elaboração sobre a melancolia logo após expor suas ideias sobre o silêncio dos planetas. Dessa forma, como ele nos disse, essas senhoras não conseguem se fazer outro para elas mesmas, se arredondam, se transformam como que em planetas.

A partir dessa problemática redução ao imaginário, podemos entender a preocupação de Lacan em retomar a importância do simbólico contrapondo-se à prática psicanalítica dos pós-freudianos que se afirmava naquele tempo. A "Psicologia do Ego" sustentava que a capacidade de síntese do *Ego* seria o objetivo da análise. Integrar o sujeito com o Eu, reduzir a análise à relação imaginária do sujeito com esse primitivo outro que ele é, é fazer desse sujeito algo redondo, um corpo circular como um planeta, sem furo, sem diferenças e, portanto, sem mudanças. Mas, lembra-nos Lacan, "a experiência nunca é levada até seu derradeiro término, não se faz o que se diz fazer… Graças a Deus, os tratamentos falham, e é por isso que o sujeito se salva".[92]

Caberia ressaltar que, para Lacan, o Eu seria a aparição mais próxima, mais acessível da morte, sendo a relação entre o Eu e a morte bem estreita. Como no humano, o Eu, embora imaginário, constitui-se preso à trama simbólica, ele está na conjunção entre esse discurso comum e aquilo que é sua realidade psicológica. Nesse ponto de desvio que a relação imaginária apresenta no homem, produz-se a hiância por onde a morte se presentifica.

### A tragédia de Édipo
Essa referência ao discurso comum dirige-nos à outra via, em que a libido, em sua busca totalizante, pode encontrar a morte. Trata-se da via em que o ser se reduz a não ser nada mais que esse discurso comum

que o atravessa; o ser se reduz à sua frase simbólica: "A última palavra da relação do homem a este discurso que ele não conhece é a morte".[93]

Édipo é aquele a quem Lacan recorre para nos permitir melhor apreender a relação do sujeito com o discurso. Afinal, foi Édipo quem realizou plenamente seu destino, e tal realização resultou em sua própria dilaceração. É nesse momento final de sua vida, relatado por Sófocles em "Édipo em Colona", que ele profere a frase assinalada por Lacan: "Será que é no momento em que não sou nada é que me torno um homem?"[94] É aí, segundo Lacan, "que começa o para além do princípio do prazer. Quando a fala realizou-se completamente, quando a vida de Édipo passou inteiramente para dentro de seu destino..."[95] Nesse momento, revela-se a ausência de qualquer sentimento humano. Na medida em que os sentimentos têm estatuto imaginário, sua ausência aponta para o fato de que o que quer que aconteça nesse momento, acontece à revelia do imaginário.

Acompanhando o seguimento que Lacan dá a esse ponto, vemos que ele alerta que, na frase em questão, a palavra homem não tem qualquer significação. O que está em jogo é a realização do destino de Édipo, destino anunciado a seus pais pelos oráculos muito antes de ele ter nascido e que, desde que Édipo foi exposto pendurado por um pé, ele o realiza. Tudo estaria escrito desde então, e Édipo o realiza até o fim, até que o assuma por seu ato.

Ressalta ainda o momento em que Édipo, respondendo ao coro, diz que, na verdade, não pode ser considerado responsável pelo que se passou. Afinal, afirma que foi o povo de Tebas que teria lhe dado a mulher como recompensa por ele tê-los livrado da Esfinge e que, quanto a Laio, não sabia quem era e que teria lhe espancado por ter sido forçado a isso.[96, 97]

Embora o momento em que Édipo se mutila explicite a assunção de sua culpa, para Lacan, em um tempo bem anterior, ele já havia aceitado seu destino, mais precisamente no momento em que aceitou ser rei. Pois, como rei, atraiu para a cidade todas as maldições, tudo de acordo com as ordens dos deuses. Para Lacan, é absolutamente natural que tudo recaia sobre Édipo, já que ele é o nó da fala e, apesar de se achar inocente, aceita seu destino até o fim, já que se dilacera e vem, posteriormente, pedir que o deixem deitar-se no recinto sagrado das Eumênides, em Colona, realizando a fala até o fim.[98]

Essa posição central de Édipo na fala ilumina-se ainda mais, pois, enquanto ele busca seu descanso em Colona, em Tebas, as maldições perpetradas após o seu exílio fazem com que tentem buscá-lo novamente, o que aparece de forma explícita na fala de Ismene:

> Segundo dizem, os tebanos vão querer-te
> Vivo ou após a morte, pois o salvarás.
> Dizem que seu sucesso depende de ti.[99]

Ameaçada, Tebas mandaria seus representantes, sábios e embaixadores, trazer Édipo de volta. Ao ficar sabendo que será visitado pelos representantes de Tebas, ele profere a citada frase em que expressa a constatação de que é quando encontra o seu nada que se adquire algum valor.

Para Lacan, "Édipo em Colona" pode ter seu tema reduzido à frase proferida pelo coro "Mais vale, no final das contas, não ter nascido…". "Édipo em Colona, cujo ser se acha todo inteiro na fala[100] formulada por seu destino, presentifica a conjunção da morte com a vida".[101]

## O horror do Sr. Valdemar

Lacan nos oferece ainda um outro exemplo para deixar bem claro o que pensa sobre essa conjunção da vida com a morte, dessa redução do ser a sua fala. Trata-se do conto de Edgar Allan Poe "O caso do senhor Valdemar".

Nesse conto, o narrador, em primeira pessoa, nos diz que, durante os últimos três anos, esteve interessado na prática do magnetismo e que, meses antes, teria lhe ocorrido o pensamento de que ninguém havia ainda sido magnetizado *in articulo mortis*. Foi a partir desse pensamento que o Sr. Ernesto Valdemar lhe pareceu uma boa escolha. Já o conhecia, já o havia hipnotizado algumas vezes – com alguns insucessos, a bem da verdade, mas isso era debitado a seu precário estado de saúde, o que inclusive era o fator que aguçara a sua lembrança quanto às possibilidades do magnetismo diante da morte. Para a surpresa de nosso narrador, o senhor Valdemar aceitou de pronto a experiência quando esta lhe foi sugerida.

O fato é que, após alguns meses, conforme o combinado, vinte e quatro horas antes da previsível morte do Sr. Valdemar, P (é a forma como o narrador se nomeia) é chamado para executar sua experiência. Bem próximo de seus últimos suspiros, o Sr. Valdemar é magnetizado por meio de alguns passes.

Como consequência, mesmo com sua morte, o Sr. Valdemar, ou melhor, o cadáver do Sr. Valdemar, deitado em seu leito, continua sua fala:

> Quero dizer que o som era de uma dicção distinta... maravilhosamente distinta mesmo, e arrepiante. O Sr. Valdemar falava, evidentemente respondendo à pergunta que eu lhe havia feito poucos minutos antes. Perguntara-lhe, como se lembra se ele estava adormecido.[102] Ele agora respondia:
>
> — Sim... Não... Estava adormecido... E agora... agora... estou morto.[103]

Por quase sete meses o Sr. Valdemar mantinha o mesmo estado, a mesma fala e um corpo ainda agregado. Finalmente, após esse período, decidem despertá-lo. Após algumas tentativas, escutam da mesma horrenda voz:

> — Pelo amor de Deus!... Depressa, depressa... Faça-me dormir... ou então, depressa... acorde-me... Depressa... Afirmo que estou morto!

> Enquanto eu fazia rapidamente os passes magnéticos, entre ejaculações de 'Morto!', 'Morto!', irrompendo inteiramente da língua e não dos lábios do paciente, todo seu corpo, de pronto, no espaço de um único minuto, ou mesmo menos, contraiu-se... fracionou-se, absolutamente

podre, sob minhas mãos. Sobre a cama, diante de toda aquela gente, jazia uma quase líquida massa de nojenta e detestável putrescência.[104]

O conto de Poe ilustra, de maneira fantástica, essa conjunção da vida e da morte mostrando-nos que, já no *Seminário 2*, o tema das duas mortes, que viria a ser desenvolvido com mais detalhes por Lacan no *Seminário 7*, já lhe era bem caro.

O conto do senhor Valdemar explicita algo que, nos outros dois exemplos, da melancolia e da tragédia de Édipo, embora presente, poderia passar desapercebido. Essa redução do ser à fala, ao discurso comum; essa conjunção entre a vida e a morte apresenta-se como que eternizada, atemporal. Tal acento se faz necessário, pois o que vimos desenvolvendo como o eixo organizador do pensamento de Lacan nos anos 50 é o estatuto contínuo do simbólico em disjunção com a imaginária unidade, presente no Esquema L.

A atemporalidade dos três exemplos serve para expor esse estatuto incomensurável, indeterminado do simbólico, e a dimensão mortífera de seu encontro, seja pela ideia de imortalidade dos melancólicos, seja pelo destino desde sempre traçado de Édipo, seja pela fala, ainda que morto, do Sr. Valdemar. Nesses exemplos, a realização simbólica da imagem ou a redução do ser à fala mostram seus efeitos nefastos, reforçando o imperativo lógico da disjunção presente no Esquema L.

## O Esquema L e a lógica estrutural

A partir da disjunção do simbólico com o imaginário e da hiância real subjacente a essa disjunção, Lacan monta um esquema topológico inspirado no funcionamento de uma válvula tríodo. Ele ainda nos oferece uma série de modelos para que a estrutura do Esquema L se esclareça.

A partir do modelo das maquininhas, é possível entender melhor os efeitos devastadores que surgem em determinadas relações humanas, que, dominadas pelo fascínio, evoluem para situações catastróficas no destempero da paixão ou da agressividade. Fica patente como é fundamental a intervenção do terceiro termo, que se apresenta nesse momento como a mensagem contínua simbólica para evitar os efeitos tão graves dessa fascinação.

A partir da referência à síndrome de Cotard, apreende-se como que, no humano, reconhecer-se como outro é tão importante para a suportabilidade de uma vida um pouco mais afastada da morte. E, finalmente, as referências à tragédia de Édipo e ao conto do Sr. Valdemar nos mostram os efeitos bastante inquietantes da redução à frase simbólica.

As vicissitudes da clínica para as quais esses modelos funcionam como analogia estão intimamente ligadas às "deformações" e atravessamentos dessa estrutura básica do Esquema L, decorrentes da tentativa da libido – seja de fazer Um com o imaginário, seja de completar o simbólico.

### O sonho da injeção de Irma

O sonho da injeção de Irma, o sonho inaugural de Freud, ganha, segundo Lacan, um aspecto todo diferente se pensado a partir do tríodo. Assim, no sonho, é possível perceber dois elementos inconscientes: um é a revelação da fala criadora que se constitui no diálogo com Fliess, portanto, o eixo simbólico, e o outro é o elemento transversal, iluminado pela corrente da fala que passa, o eixo imaginário. Neste, o que vai estar inicialmente em jogo no sonho é a questão das relações de Freud com uma série de imagens sexuais femininas, tensionadas que estão por sua relação conjugal e que têm um caráter eminentemente narcísico.

Porém, mais além do narcisismo, estará em jogo a fala que esse sonho deseja passar, pois um sonho, antes de qualquer coisa, tem como desejo fazer passar uma mensagem.[105]

### As circunstâncias do sonho

Sabemos que Irma era paciente de Freud e amiga da família. Essa proximidade, ressalta Lacan, implica em dificuldades no que diz respeito à contratransferência. E, na verdade, Freud encontrava-se realmente em dificuldades com sua paciente, pois havia para ele uma recusa de Irma em melhorar. Para ele, nesse momento, ainda bastava a revelação do sentido inconsciente de um conflito para que esse se debelasse. Irma, embora apresentasse uma melhora de seus sintomas, apresentava a persistência de alguns, particularmente a propensão a vômitos.

> Esse tratamento terminara com êxito parcial; a paciente ficara livre de sua angústia histérica, mas não perdera todos os sintomas somáticos. Nessa ocasião, eu ainda não discernia com muita clareza quais eram os critérios indicativos de que um caso clínico de histeria estava afinal encerrado, e havia proposto à paciente uma solução que ela não parecia disposta a aceitar.[106]

A persistência dos sintomas de Irma, de acordo com o que à época pensava Freud, somente poderia ser explicada por uma "desobediência". Ele havia há pouco tempo interrompido esse tratamento quando recebe, por Otto, notícias de sua paciente. Este lhe diz que ela estava muito bem, porém não tanto.

Freud identifica um tom irônico na fala de Otto e acredita que este pode ter participado de chacotas a sua condução desse caso. Ele até então acreditava que havia proposto a Irma uma boa solução[107] para o seu caso. A desaprovação de Otto traz à tona os próprios conflitos de Freud, sendo o elemento provocador do sonho.

> Eu estava consciente de que as palavras de meu amigo Otto, ou o tom em que as proferiu, me aborreceram. Imaginei ter descoberto nas mesmas uma reprovação, tal como no sentido de que prometera demasiado à paciente e, certa ou erradamente, atribuí o suposto fato de Otto estar tomando partido contra mim a influência dos parentes de minha paciente, que, segundo me pareceu, nunca haviam olhado com bons olhos o tratamento. Contudo, minha impressão desagradável não ficou clara e não externei nenhum sinal disso. Na mesma noite, escrevi a história do caso de Irma, com a idéia de entregá-lo ao Dr. M. (um amigo comum que era, na época, a principal figura de nosso círculo), a fim de

me justificar. Naquela noite (ou mais provavelmente na manhã seguinte), tive o seguinte sonho, que anotei imediatamente após despertar.[108]

## O sonho

Um grande salão – numerosos convidados a quem estávamos recebendo. – Entre eles estava Irma. No mesmo instante, puxei-a de lado, como que para responder a sua carta e repreendê-la por não ter ainda aceitado minha 'solução'. Disse-lhe: 'Se você ainda sente dores, é realmente apenas por culpa sua'. Respondeu ela: 'Ah! Se o senhor pudesse imaginar as dores que sinto agora na garganta, no estômago e no abdômen... isso está me sufocando'. Fiquei alarmado e olhei para ela. Parecia pálida e inchada. Pensei comigo mesmo que, afinal de contas, devia estar deixando de perceber algum distúrbio orgânico. Levei-a até a janela e examinei-lhe a garganta, e ela deu mostras de resistências, como fazem as mulheres com dentaduras postiças. Pensei comigo mesmo que realmente não havia necessidade de ela fazer aquilo. – Em seguida, ela abriu a boca como devia e, no lado direito, descobri uma grande placa branca; em outro lugar, vi extensas crostas cinza-esbranquiçadas sobre algumas notáveis estruturas recurvadas, que tinham evidentemente por modelo os ossos turbinados do nariz. – Chamei imediatamente o Dr. M., e ele repetiu o exame e o confirmou... O Dr. M. tinha uma aparência muito diferente da habitual; estava muito pálido, claudicava e tinha o queixo escanhoado... Meu amigo Otto estava também agora de pé ao lado dela, e meu amigo Leopold a auscultava através do corpete e dizia: 'Ela tem uma área surda bem embaixo, à esquerda'. Indicou também que parte da pele do ombro esquerdo estava infiltrada (notei isso, tal como ele fizera, apenas do vestido.)... M. disse: 'Não há dúvida de que é uma infecção, mas não tem importância; sobrevirá uma disenteria, e a toxina será eliminada'... Tivemos também pronta consciência da origem da infecção. Não muito antes, quando ela não estava se sentindo bem, meu amigo Otto lhe aplicara uma injeção de um preparado de propil, propilos... ácido propiônico... trimetilamina (e eu via diante de mim a fórmula desse preparado, impressa em grossos caracteres)... Injeções como essas não deveriam ser aplicadas de forma tão impensada... E, provavelmente, a seringa não estava limpa.[109]

Em seu trabalho de interpretação, Lacan assinala que uma particularidade dos sonhos é que estes não estão no tempo. Tal observação reflete o que ele vai desenvolver ao longo de seu trabalho com esse sonho, ressaltando que a função dos sonhos é passar a mensagem, a fala atemporal do sujeito, o que nos remete ao estatuto atemporal do simbólico.

Esse sonho pode ser dividido em dois momentos. No primeiro, os personagens cumprem mais ou menos os mesmos papéis que cumprem na vida desperta. Freud mostra-se tal como é, ou seja, nesse momento do sonho, seu Eu se encontra no mesmo nível de seu EU vigil. Ele se encontra com Irma e a repreende por não ter aceitado sua solução. Quando esta lhe fala de seu padecimento, ele insiste para que abra a boca. Lacan ressalta, nesse momento, as outras mulheres envolvidas na imagem condensada de Irma e aponta para o enfrentamento de Freud com a resistência feminina. Aqui ele está delineando a dimensão imaginária do sonho, em que o que está em jogo é o Eu de Freud em sua relação narcísica com essas mulheres, bem como a função de resistência do Eu.

> Elas põem em destaque que Irma está longe de ser a única em causa, se bem que só ela apareça no sonho. Entre as pessoas que estão *sich streichen*, há duas em particular que, apesar de serem simétricas, não deixam de ser bastante problemáticas – a mulher do próprio Freud que, naquele momento, como se sabe por outros meios, está grávida, e uma outra doente.

> Em suma, é num leque, que vai desde o interesse profissional, o mais puramente orientado até todas as formas de miragem imaginária, que se apresenta aqui a mulher e se situa a sua relação com Irma.[110]

É no fundo da garganta de Irma, contudo, que se revela, para Freud, o horror do real da carne, na presença da membrana diftérica modelada em forma de cornetos nasais.

> Tudo se mescla e se associa nesta imagem, desde a boca até o órgão sexual feminino, passando pelo nariz – Freud, justamente antes ou logo depois, foi operado, por Fliess ou por outro, dos cornetos nasais. Eis aí uma descoberta horrível, a carne que jamais se vê, o fundo das coisas, o avesso da face, do rosto, os secretados por excelência...[111]

Em seu sonho Freud vai mais além da imagem, atravessa a hiância e depara-se com o impossível de se ver. Após essa visão aterradora, entramos no segundo momento do sonho. Aparecem então o doutor M,, Otto e Leopold. Os três apresentam, cada um a sua vez, uma fala absurda e finalmente chega-se à conclusão que Irma apresenta uma infecção decorrente da aplicação de uma injeção por Otto, provavelmente por uma seringa suja, de uma solução trimetilamina, solução essa que aparece para Freud no sonho na literalidade de sua fórmula.

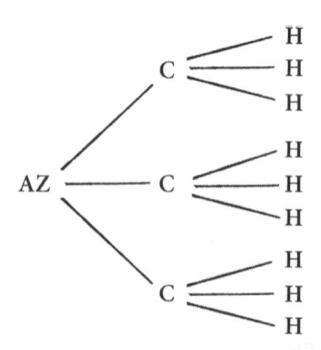

$$AZ - C \begin{cases} C \begin{cases} H \\ H \\ H \end{cases} \\ C \begin{cases} H \\ H \\ H \end{cases} \\ C \begin{cases} H \\ H \\ H \end{cases} \end{cases}$$

Lacan conclui que é aí que está, no sonho, o inconsciente, aquilo que está fora de todos os sujeitos.[112]

## A tragédia de Freud

Para Freud, o desejo motivador do sonho seria descartar de si qualquer responsabilidade no fracasso do tratamento de Irma, e tal intento apresentava-se para ele como na história da pessoa a quem se repreende por haver devolvido um caldeirão furado, e que responde o seguinte: primeiro, ele o devolveu intacto; segundo, o caldeirão já estava furado quando o tomou emprestado e, terceiro, não o tomou emprestado. Lacan nos alerta para o fato de que Freud, embora estivesse tão interessado em desenvolver a função do desejo inconsciente, contentou-se em explicar um sonho pela satisfação de um desejo nitidamente pré-consciente. Ele então se propõe a ir além de Freud, afinal, assim como na análise, encontra-se diante da possibilidade de interpretar um sonho a partir da interpretação do relato daquele que sonha. Ressalta o fato de Freud continuar dormindo no momento crucial do sonho, quando, de hábito, qualquer um acordaria. Esse momento se define pela visão da garganta de Irma, o ponto de virada do sonho, a visão da angústia, a "última revelação do *és isto – és isto, que é o mais longínquo de ti, isto que é o mais informe*".[113]

Diante da presença, da visão do objeto em sua unidade, o que aparece é a dimensão rasgada do desejo. Tal rasgamento se mostra pela regressão tópica do sonho, pela perda da unidade narcísica do Eu – resultando no desaparecimento do *Ego* de Freud – acompanhada pelo que Lacan chama de imisção de sujeitos: o aparecimento dos três palhaços, os três médicos, cujas falas, ele diz, podem ser tomadas como frases interrompidas. "Estes personagens são todos significativos, uma vez que são personagens da identificação na qual a formação do *ego* reside".[114]

Esse momento é denominado por Lacan como a entrada do bufão; diz ser esse o papel que esses sujeitos desempenham em função do apelo de Freud e ressalta o sentido jurídico do termo: Freud apela para o consenso de seus semelhantes, de seus iguais, de seus confrades, de seus superiores.

Ressaltamos a importância dos conceitos a que Lacan faz referência nesse momento do sonho: frases interrompidas e imisção dos sujeitos. O que vemos no relato de Freud é que, pela regressão tópica, aparece, por detrás da unidade imaginária do Eu, a série de maquininhas que o fascinaram mas que se mantiveram num circuito sem colabamento, sustentadas pela ordem simbólica. Lacan, a respeito da relação do modelo das maquininhas, ainda acrescenta: "Para que o sistema não se resumisse numa vasta alucinação concêntrica, cada vez mais paralisante, para que pudesse girar, era preciso que interviesse um terceiro regulador".[115] E ainda nos diz que, sob um outro ângulo, no humano essa presença do simbólico faz com que o objeto sempre se apresente numa espécie de exterioridade: "Se for você, não sou eu. Se for eu, é você que não é".[116, 117] Essas observações de Lacan remetem-nos a elaborações que ele fará posteriormente, sobre as psicoses.

Retomando o sonho, é em seu final que aparece o elemento que vai esclarecer tudo. De uma voz de ninguém surge a trimetilamina. O sonho, que culminou, no primeiro momento, ainda na presença do *Ego* de Freud, na imagem horrível do objeto, no segundo momento, culmina naquilo que, segundo Lacan, não se pode deixar de identificar como sendo a fala, o rumor universal. A fórmula não fornece resposta alguma ao que quer que seja. Contudo, a estrutura triádica de todo o sonho, culminando na fórmula acéfala da trimetilamina, revela, por essa acefalia, a impossibilidade da localização de um significante para o Sujeito. A acefalia da fórmula da trimetilamina revela o impossível de localizar, o ponto em que o sujeito se insere na cadeia simbólica.

> Tal qual um oráculo, a fórmula não fornece resposta alguma ao que quer que seja. Mas a própria maneira pela qual ela se enuncia, seu caráter enigmático, hermético, é justamente a resposta à questão do sentido do sonho. Pode-se calcá-la na fórmula islâmica – *Não há outro Deus senão Deus*. Não há outra palavra, outra solução ao problema de vocês, senão a palavra.[118]

Assim, no ápice do sonho, não há outra palavra, outra solução senão a própria palavra. Para Lacan, esse sonho não é apenas um objeto que Freud decifra, mas é sua fala, o eixo S – A do esquema L, daí seu valor exemplar.

Isto, que tem um caráter quase delirante, com efeito o é, ou pelo menos seria se Freud não se endereçasse a nós.[119] Freud fala por intermédio desse sonho, e sem tê-lo querido, sem tê-lo primeiro reconhecido, e reconhecendo-o unicamente em sua análise do sonho, ou seja, enquanto está falando conosco – ele nos diz algo que ao mesmo tempo é e não é mais ele: Sou aquele que quer ser perdoado por ter ousado começar a sarar estes doentes, que até agora não se queria compreender e que se proibia a si mesmo de sarar. Sou aquele que quer ser perdoado por isto. Sou aquele que quer não ser culpado por isto, pois se é sempre culpado quando se transgride um limite até então imposto à atividade humana. Quero não ser isto. Em lugar de mim há todos os outros. Sou aí apenas o representante deste vasto, vago movimento que é a busca da verdade onde, eu, me apago. Não sou mais nada. Minha ambição foi maior do que eu. A seringa estava suja, sem dúvida. E justamente na medida em que a desejei demais, em que participei desta ação, em que quis ser, eu, o criador, não sou o criador. O criador é alguém maior do que eu. É o meu inconsciente, é esta fala que fala em mim, para além de mim.[120]

Assim como Édipo em busca de seu inocentamento, Freud denuncia seu Apolo![121] Sua inocência é sua fala.

Sigamos textualmente com Lacan:

> A entrada em função do sistema simbólico em seu mais radical, mais absoluto emprego, acaba abolindo tão completamente a ação do indivíduo, que elimina, da mesma feita, sua relação trágica com o mundo... A consideração estritamente filosófica do mundo pode, com efeito, colocar-nos numa espécie de ataraxia em que qualquer indivíduo se acha justificado em função dos motivos que o fazem agir, e que são concebidos como se o determinassem totalmente. Qualquer ação, por ser artimanha da razão, é igualmente válida. O emprego extremo do caráter radicalmente simbólico de toda a verdade faz, pois, com que a relação com a verdade perca sua agudeza. No meio do andamento das coisas, do funcionamento da razão, o sujeito se

acha desde o início da jogada, não sendo mais que um peão, impelido para dentro deste sistema, e excluído de toda participação que seja propriamente dramática e, por conseguinte trágica, na realização da verdade (...) Eis o que nos leva a colocar a questão da juntura do imaginário e do simbólico".[122]

## A análise e o lugar do analista

O que Lacan nos mostra com a interpretação do sonho inaugural de Freud é que o que está em jogo em uma análise não é propriamente falando os elementos da vivência de um sujeito ou os acontecimentos de sua vida, mas o seu destino: "Uma fala é matriz da parte não reconhecida do sujeito, e eis aí o nível próprio do sintoma analítico – nível descentrado com relação à experiência individual, visto ser aquele do texto histórico que a integra".[123]

Portanto, o que tal concepção enceta é que o sintoma somente será afetado pela experiência analítica a partir de uma intervenção que incida nesse nível descentrado. Para Lacan, a análise, nesse momento, deve levar em consideração aquilo que ele vai, em determinado momento, chamar de autonomia do simbólico.

O "Sonho da injeção de Irma" nos demonstra, pela forma como Freud o relata e pela maneira como Lacan o decifra, que o inconsciente é esse discurso obstaculizado pelo Eu, mas que pode ser "explorado segundo seu ritmo, sua modulação, sua própria mensagem, de maneira totalmente independente daquilo que o interrompe".[124] É esse movimento mesmo que Lacan nos diz ser o sentido do que Freud delineia em "Além do princípio do prazer". O inconsciente não é de forma alguma o *Ego* do sonhador. O *Ego* de Freud se retira da cena a partir do momento maior da angústia, no momento em que ele se vê identificado ao que a garganta de Irma revela, a saber, a imagem da morte, ou, ainda, quando essa revela o objeto e a dimensão rasgada do desejo. Assim, como acentuou Lacan, essa relação do sujeito com o objeto quando mediada pelo simbólico se dá numa forma esvaecente, em que ou eu sou ou você é. Diante do objeto, somente restou ao *Ego* de Freud retirar-se. Nessa retirada ele apela para o congresso de todos aqueles que sabem. Para além do *Ego*, o que está em jogo no sonho, o inconsciente, é aquilo que é do sujeito e não é do sujeito. É isso que conferiria a esse sonho o seu valor: a busca da significação como tal.

> É no meio de todos os seus confrades, no meio do consenso da república dos que sabem – pois se ninguém tem razão, todo mundo tem razão, lei paradoxal e ao mesmo tempo tranquilizadora –, é no meio deste caos que se revela a Freud, neste momento original em que nasce sua doutrina, o sentido do sonho… – não há outra palavra-chave do sonho a não ser a própria natureza do simbólico.[125]

Para tanto, um limiar precisou ser transposto. Na primeira parte, o Eu de Freud; na segunda, a multidão. Multidão estruturada como a multidão freudiana, diz Lacan, que prefere utilizar o conceito imisção dos sujeitos.

> Os sujeitos entram e se intrometem – este pode ser o primeiro sentido. O outro é o seguinte – um fenômeno inconsciente, que se desenrola num plano simbólico, descentrado, como tal em relação ao ego, ocorre sempre entre dois sujeitos. Logo que a fala verdadeira emerge, mediadora, ela faz deles dois sujeitos muito distintos do que eram antes da fala. Isto quer dizer que eles só começam a ser constituídos como sujeitos da fala a partir do momento em que a fala existe, e não há antes não.[126]

A partir desse sonho, Lacan pode sustentar que o sintoma analítico se produz na corrente de uma fala que tenta passar e, para passar, precisa vencer essa dupla resistência estabelecida entre o ego do sujeito e sua imagem, o eixo a-a'. Segundo ele, essas duas interposições oferecem uma resistência suficiente, se iluminam dentro da corrente, fosforejam, fulgem.

Para isso, é necessário que o sujeito atravesse a janela onde sempre vê a sua imagem. Ao ultrapassar essa barreira, a interposição entre o sujeito e o mundo cessa. Se é a partir do ego que todos os objetos são olhados, é pelo despedaçamento desse ego que os objetos são desejados. Dessa forma, o sujeito não pode desejar sem se dissolver. Essa dissolução o reduz à dimensão da fala, e é sempre na juntura da fala, no nível onde esta aparece, que se manifesta o desejo. O desejo surge no momento em que se encarna numa palavra.

> A consciência no homem é por essência tensão polar entre um *ego* alienado do sujeito e uma percepção que fundamentalmente lhe escapa, um puro *percipi*. O sujeito seria estritamente idêntico a esta percepção, se não houvesse este *Ego* que o faz, se é que se pode dizer, emergir de sua própria percepção numa relação tensional. Em certas condições, esta relação imaginária atinge ela mesma seu próprio limite e o *ego* se esvaece, se dissipa, se desorganiza, se dissolve. O sujeito é precipitado num enfrentamento com algo que não pode, de modo algum, ser confundido com a experiência cotidiana da percepção, algo que poderíamos dar o nome de um *id*, e que chamaremos simplesmente, para não haver confusão, de um *quod*, de 'o que será que é?' A questão que vamos colocar hoje é a deste enfrentamento do sujeito para além do *ego* com o *quod* que procura advir na análise.[127]

É dessa forma que Lacan nos aponta o caminho para pensar a análise e o lugar do analista. Se o caminho da análise é o mesmo que o sonho da injeção de Irma revela, naquele momento do ensino de Lacan, o analista ideal (um ideal que serve como marco de orientação, embora saibamos que, enquanto ideal, é impossível) seria aquele sujeito em que o Eu estivesse ausente. Afinal, a análise deve visar à passagem de uma fala verdadeira, que junte o sujeito a um outro sujeito do outro lado do muro da linguagem. Muro que a relação com o Outro constitui. É a relação derradeira de um sujeito a esse Outro, um Outro verdadeiro e que dá a resposta que não se espera, que definiria o ponto terminal da análise.

Caberia ao analista, ao longo de toda a duração da análise, se fazer um espelho vazio para que fosse possível perpassar tudo o que se passa entre o eu do sujeito e os outros. Isso permitiria a análise progredir, no sentido de fazer o sujeito gradualmente assumir como suas essas relações que a todo o momento se apresentam na transferência e nas quais ele não se reconhece. Ao final da análise, atravessando o muro da linguagem, onde está o ES a letra S do esquema, deve-se estar com a palavra e entrar em relação com o Outro, o verdadeiro. Ali onde o S estava deverá advir o Ich. *Wo Es war, soll Ich werden.*

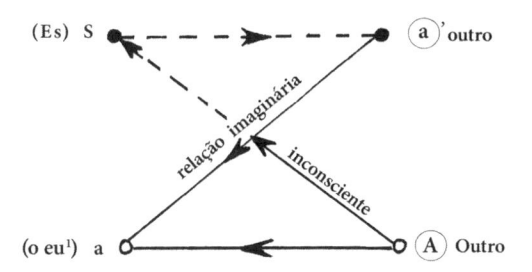

```
(Es) S  •- - - -▸- - - •  (a)' outro
         \       ╱
          \  imaginária
     relação╲ ╱ inconsciente
            ╳
           ╱ ╲
          ╱   ╲
(o eu¹) a •────◂────• (A) Outro
```

Dissipar a confusão imaginária e restituir ao discurso seu sentido de discurso. É justamente nisso que o exercício dialético da análise consiste. Isso nos reconduz ao trabalho de Sócrates no *Mênon*. Somente se chega à solução do problema, ao quadrado que é duas vezes maior que o quadrado original, destruindo-se o primeiro quadrado e recompondo-se com ele um segundo quadrado. Essa reconstrução só é possível porque as assunções simbólicas que escapam ao escravo não escapam a Sócrates.

## O esquema L e a psicose
### Diferenças

A afirmação de que o inconsciente é uma linguagem praticamente inicia o *Seminário 3*, mas somos logo alertados pela fala de que isso não implicaria que tal afirmação fosse reconhecida. O que está em jogo nas razões dessa ressalva é a observação de que o psicótico não conhece a língua que fala. A questão, contudo, não é saber por que o inconsciente que se encontra aí, à flor da terra, permanece excluído para o sujeito, mas porque ele aparece no real.

Podemos perceber, já nessa primeira intervenção de Lacan, que ele não se surpreende com o desconhecimento do sujeito de sua mensagem. Afinal, foi para explicar esse descentramento entre o Eu e o sujeito que ele passou boa parte do ano anterior ensinando, a partir da ideia da pulsão de morte, o que se passava (ou não passava) no inconsciente. Entretanto, ele busca problematizar o fato de que, no inconsciente, teria havido uma primeira *Bejahung*, uma admissão, ao sentido simbólico, de tudo aquilo que teria sido recalcado e que, portanto, na psicose, haveria apenas um desconhecimento. Tal admissão simbólica se revelaria nos fenômenos referentes ao retorno do recalcado, como sintomas ou sonhos, por exemplo. Na psicose, contudo, ele observa, a partir de Freud, que o sujeito recusa o acesso a seu mundo simbólico de alguma coisa que ele experimentou e que não haveria dúvida de que se trataria da ameaça de castração. Como efeito da *Vewferfung*, essas experiências anteriores do sujeito teriam um desenvolvimento absolutamente diferente. Para explicar esse efeito, ele recorre novamente ao modelo das máquinas calculadoras.

Lembremos que, a partir do modelo dessas máquinas, Lacan nos mostrou que o que chamamos de memória é a persistência na máquina, transitando em seu circuito, de uma mesma mensagem, uma mensagem contínua. Para nos falar da psicose, ele nos diz que, para alimentar essas máquinas, ou seja, para fazer cálculos a partir delas, é necessário cifras. Contudo, para que possamos introduzir coisas no circuito, é necessário respeitar o ritmo próprio da máquina, senão isso fica abaixo do limiar e não pode entrar nela. Sucede, dessa maneira, que tudo que é recusado no simbólico, no circuito da máquina, retorna no real.

A distinção essencial estaria então sustentada na ideia de que o "recalcado neurótico não se situa no mesmo nível de história no simbólico que o recalcado de que se trata na psicose, mesmo se há relações do modo mais estreito entre conteúdos".[128]

Retomando o esquema L, Lacan esclarece:

> Nosso esquema figura a interrupção da palavra plena entre o sujeito e o Outro e seu desvio pelos dois eu a e a', e suas relações imaginárias. Uma triplicidade está aqui indicada no sujeito, que abrange o fato de que é o eu do sujeito que fala normalmente a um outro, e do sujeito, do sujeito S, em terceira pessoa...
>
> Porém no sujeito normal, falar-se com seu eu não é nunca plenamente explicitável, sua relação com o eu é fundamentalmente ambígua, toda assunção do eu é revogável. No sujeito psicótico, ao contrário, certos fenômenos elementares, e especialmente a alucinação que é sua forma mais característica, mostram-nos o sujeito *completamente* identificado ao seu eu com o qual ele fala, ou o eu totalmente assumido através do modo instrumental. É ele que fala dele, o sujeito, o S, nos dois sentidos equívocos do termo, a inicial S e o Es alemão.[129]

Não são poucos os momentos em que Lacan nos diz que autenticar tudo o que, no sujeito, é da ordem do imaginário é fazer da análise a antecâmara da loucura. O parágrafo anterior nos deixa muito claro que autenticar o imaginário é referendar esse outro que fala do sujeito e com o qual o psicótico se identifica maciçamente. Ao que parece, nesses primeiros momentos do seminário das psicoses, Lacan nos conduz a entender que, nessa estrutura, a fala do sujeito, essa mensagem contínua do Outro, encontra-se alienada ao outro, ao semelhante, sendo o fenômeno alucinatório seu paradigma e sendo isso uma decorrência da *Verwerfung*.

A questão da fala então reaparece. Lacan insiste que não se deve compreender o paciente, fazer da linguagem apenas uma forma de se fazer entender. O que está em jogo é a realidade da fala. Já o vimos anteriormente nos dizer que, no que diz respeito à neurose, não devemos nos ocupar dos elementos factuais da história do sujeito, mas sim com seu destino, sua fala, naquilo que ela é autônoma e repete o discurso comum que o atravessa. Ocupando-se das psicoses, ele retoma o mesmo eixo e, dessa vez, recorrendo ao auxílio de "de Clérambault". O que está em jogo na psicose é o automatismo mental,[130] preciosa observação clínica estabelecida por esse seu mestre na psiquiatria, na qual encontra um paralelo fenomenológico à sua autonomia do simbólico, que se apresenta mais exposta na psicose. "Será que o doente fala? Se não distinguirmos a linguagem e a fala, é verdade, ele fala, mas fala como uma boneca aperfeiçoada que abre e fecha os olhos, absorve líquidos etc."[131]

A novidade trazida por Freud, naquilo que ele restitui a Schreber o lugar de sujeito, é a constatação de que a diversidade de fenômenos da psicose é um efeito da fala, das vicissitudes que a fala sofre na psicose.

## As vicissitudes da fala na psicose

Falar é fazer falar o outro enquanto tal nos diz Lacan, ressaltando que esse outro ele escreve com A (*Autre*) maiúsculo. Em seguida, nos dá uma interessante definição desse Outro:

> E por que com um A maiúsculo? Por uma razão sem dúvida delirante, como a cada vez se é forçado a empregar signos suplementares àquilo que é fornecido pela linguagem. Essa razão delirante é a seguinte. *Você é minha mulher* – afinal, o que sabem vocês disso? *Você é meu mestre* – de fato, vocês estão tão certos disso? O que constitui precisamente o valor fundador das falas é que o que é visado na mensagem, como também o que é manifestado no fingimento, é que o Outro está aí enquanto Outro absoluto. Absoluto, isto é, que ele é reconhecido, mas que ele não é conhecido. Da mesma forma, o que constitui o fingimento é que vocês não sabem no fim de contas se é um fingimento ou não. E essencialmente essa incógnita na alteridade do Outro que caracteriza a ligação da palavra no nível em que ela é falada ao outro.[132]

Vimos que Lacan se referia ao Outro da linguagem como da ordem do contínuo, e não do todo. Nessa passagem do *Seminário 3*, o Outro – absoluto, vale dizer –, esse Outro que é o que parece falar, tem um estatuto delirante e é, antes de qualquer coisa, um suplemento necessário para que o sujeito possa manter o indecidível de seu fingimento. Vemos Lacan falar do Outro como uma resposta a uma incógnita.

Essa fala que vem do Outro fala ao outro e do outro como objeto, objeto que é o reflexo, a imagem do próprio sujeito. O que desvela a estrutura delirante dessa fala é o fato de que, ao falar, naquilo que o sujeito fala ao outro de si mesmo ele "fala um pouquinho mais do que desejaria".[133] Falar um pouco mais do que desejaria é o comentário que faz Lacan a respeito de uma apresentação de paciente que ele havia realizado, em que apenas após mais de uma hora e meia de entrevista foi possível escutar, na fala da paciente, alguma coisa que apontasse para uma estrutura psicótica. Até aquele momento, a paciente se mantinha num limiar em que nada do que se pudesse chamar de delirante havia aparecido. Só então ela fala um pouquinho mais do que desejaria. Ela profere a palavra *galopiner*, que ultrapassa a dimensão imaginária na qual ela conseguira até então se sustentar na entrevista, saindo do registro dos semelhantes. A palavra *galopiner*, apresentando-se mais além do imaginário, revela, assim, seu estatuto de neologismo, uma língua que o sujeito desconhece e que permite a Lacan apontar essa fala como fenômeno elementar, atestando, por conseguinte, uma psicose.

Ora, não é nenhuma aventura teórica aproximar esse pequeno exemplo de uma entrevista de paciente com o sonho da injeção de Irma, de Freud. O *galopiner* da paciente está no mesmo nível daquilo que Lacan chama de "a entrada do bufão" em Freud. Assim como no sonho de Freud, há um limiar transposto e que revela a fala mais além do Eu. Ultrapassada a barreira imaginária, o que surge é a imisção dos sujeitos, os outros, os semelhantes que falam do sujeito, que aqui está em posição de objeto. É que o sujeito humano "no começo é originariamente uma coleção incoerente de desejos – aí está o verdadeiro sentido da expressão *corpo espedaçado*".[134]

Por conseguinte, o que devemos buscar são os elementos que nos permitam entender por que aquilo que aparece em Freud após um sonho, que é sonhado de maneira decisiva, no qual Freud, apesar da angústia, continua sonhando, suportando a evasão de seu Eu, resultando em sua aparição despedaçada. Na paciente psicótica de Lacan, surge a céu aberto, como a fala de um outro invadindo o sujeito. Porque, na psicose, esse mais além do Eu retorna no real?

## A alusão

Em sua tentativa de nos mostrar as distinções existentes na psicose, mais particularmente quais os motivos que levariam a fala do sujeito aparecer no real na estrutura psicótica, Lacan nos leva a um estudo da frase alusiva. Para tanto, nos apresenta a conhecida entrevista com a paciente que lhe relata a alucinação verbal *porca!* Ela escuta essa injúria ao andar pelo corredor saindo de sua casa, quando, no caminho, cruza com seu vizinho. Ela informa que teria inicialmente falado "Eu venho do salsicheiro", enquanto, em resposta, seu vizinho teria lhe proferido a injúria "Porca!"[135]

Para explicar essa alucinação, Lacan se remete ao esquema L:

> O *a* minúsculo é o senhor que ela encontra no corredor e não há *A* maiúsculo. O minúsculo é o que diz *Eu venho do salsicheiro*. E de quem se diz *Eu venho do salsicheiro*? De *S*. O minúsculo *a* lhe disse *Porca*. A pessoa que nos fala, e que falou, enquanto delirante, *a'*, recebe sem nenhuma dúvida em alguma porta sua mensagem em forma invertida, do outro, com *a* minúsculo, e o que ela diz concerne ao além que ela própria é enquanto sujeito, e de que por definição, simplesmente porque ela é sujeito humano, não pode falar a não ser por alusão."[136]

Essa impossibilidade de dizer o que caracteriza o humano é inerente à sua condição de humano. Ali no ponto de surgimento da relação do sujeito com o simbólico, como já vimos anteriormente, há uma falta, falta que se apresenta como umbigo do sonho na acefalia da fórmula da trimetilamina; nas frases interrompidas dos colegas de

Freud, médicos que aparecem em seu sonho e na frase alusiva que nossa paciente escuta de seu vizinho.

Haveria somente duas maneiras de falar desse S, desse sujeito que somos mais radicalmente. Ou falamos dirigindo-nos ao Outro, e nele recebendo a mensagem que nos diz respeito de uma forma invertida, ou indicando sua direção pela alusão. É exatamente esse segundo caminho que Lacan nos mostra no caso de sua paciente paranoica. Esse segundo caminho mostra-se como uma singularidade estrutural fundamental. O que a utilização do esquema L, nesse caso, revela, é a ausência do grande Outro. O esquema se mostra sem *A*. A não assunção simbólica, a *Verwerfung* apontada por Freud, é aqui, no *Seminário 3*, tomada por Lacan como uma exclusão do Outro. Por essa exclusão, a mensagem surge através do semelhante, excluída que está do simbólico pelo efeito dessa foraclusão. É por isso que Lacan nos diz que é no afastamento entre o outro e o Outro, no ângulo aberto dessas duas relações, que se situa toda a dialética do delírio.

> Na fala delirante, o Outro está verdadeiramente excluído… o próprio sujeito não põe nisso nenhuma verdade, e que fica em face desse fenômeno, bruto no fim de contas, na atitude de perplexidade. É preciso muito tempo antes que ele tente restituir em torno disso uma ordem a que chamaremos ordem delirante.[137]

Mais à frente, Schreber nos ajudará a esclarecer esse ponto.

# O PROBLEMA E SUAS SOLUÇÕES

Ao aproximarmos neurose e psicose utilizando os elementos trabalhados por Lacan no sonho de injeção de Irma e seu relato sobre a apresentação da paciente que lhe fala da injúria alucinada "porca!", deparamo-nos com a seguinte questão: afinal, por que razões o que em Freud apareceria apenas a partir do atravessamento da barreira do Eu no sonho, na paciente entrevistada apareceria a céu aberto? Vimos que, no *Seminário 3*, Lacan se refere a uma ausência do Outro nas psicoses. Tal afirmação apresentará um estatuto diverso adiante em suas elaborações, particularmente a partir do *Seminário 5* e na "Questão preliminar". Devemos também considerar a importância que essa formulação da ausência do Outro terá no chamado último ensino de Lacan, que se ordena em torno de sua inexistência. Contudo, ocupemo-nos do estatuto que Lacan dá à neurose e à psicose nesse momento de seu ensino.

Na neurose, o Eu se constitui a partir de algo que entrecruza, e por que não dizer, enlaça o imaginário com o simbólico. Devemos acrescentar que, sabidamente, o Édipo é o operador desse entrecruzamento. A estrutura por ele constituída, entretanto, pode ser ultrapassada, como revela, por exemplo, o esforço de Freud em seu sonho da injeção de Irma. Esse ultrapassamento teria como força motriz a pulsão de morte. Somente com esse atravessamento[138] o simbólico mostraria sua dimensão irracional e acéfala, presente no sonho na fórmula da trimetilamina. Na psicose, pela inoperância do Édipo, tal entrecruzamento se mostra precário ou mesmo inexistente. Muitas vezes esse não entrecruzamento do imaginário com o simbólico, o que Lacan chama, no *Seminário 3*, de ausência do Outro, se apresentaria a céu aberto, cabendo à frase alusiva, ou alucinação invasiva, a revelação da estrutura acéfala e irracional do simbólico.

## O problema de Schreber

### A dimensão simbólica do problema

A noção de inconsciente, tomado como uma frase contínua, obriga-nos a admitir que essa frase recobre toda a trama da experiência de vida humana, ou seja, ele está sempre lá. Contudo, diz Lacan, se há justamente alguma coisa da ordem do contínuo, não é a todo o momento.

> Há leis de intervalo, de suspensão, de resolução propriamente simbólicas, há suspensões, escansões que marcam a estrutura de todo cálculo, que fazem com que não seja justamente de maneira contínua que se inscreva, digamos, essa frase interior.[139]

É importante para o homem sair-se bem com essa modulação contínua, de forma que isso não o ocupe demasiadamente. É por isso que é necessário que sua consciência se desvie dessa modulação, por mais que esta persista. Seria essa a função do Eu, a de evitar ser tomado por essa frase que está sempre circulando, seja alucinatoriamente, seja pelo imperativo de pensar. A função do Eu, nesse momento do ensino de Lacan, seria então evitar que tenhamos que ficar perpetuamente ouvindo essa articulação que organiza nossas ações como ações faladas. Contudo, e nisso Lacan é bem claro, mesmo que nossa consciência se afaste da frase inconsciente, ela, em toda a sua complexidade, persiste, continua sempre a circular e está sempre pronta para aparecer das mais diversas formas, camufladas e surpreendentes.

> (…) nos casos de psicose, vemos se revelar, e da maneira mais articulada, essa frase, esse monólogo, esse discurso interior de que eu lhes falava. Somos os primeiros a poder discernir isso porque, numa

certa medida, nós já estamos prontos para ouvi-lo. Portanto, não temos razão para nos recusar a reconhecer suas vozes no momento em que o sujeito nos dá testemunho disso como de alguma coisa que faz parte do próprio texto de seu vivido.[140]

## A decomposição imaginária e a frase simbólica

Ao longo de seu estudo sobre Schreber, no *Seminário 3*, Lacan retomará o modelo das maquininhas. Nesse modelo, ressalta a importância de um elemento simbólico mediador, um terceiro, para evitar a catástrofe que seria o encontro das máquinas tomadas numa relação de fascínio: "É apenas um apólogo para mostrar-lhes que a ambiguidade, a hiância da relação imaginária exigem alguma coisa que mantenha relação, função e distância. É o sentido mesmo do complexo de Édipo.[141] Na medida em que Lacan estabelece que o sentido do Édipo é manter essa função e distância, podemos deduzir que a função mediadora do simbólico, no que diz respeito a essa função e distância, não se faz sem o pai. A relação imaginária, que, não sendo exclusiva no humano, tem neste uma tipicidade, "está destinada ao conflito e à ruína".[142] Ele nos esclarece que a dimensão de lei presente no simbólico, lei articulada ao pai, é o que permite ao humano se instaurar na diferença, permitindo, por exemplo, reconhecer-se como macho ou fêmea mantendo uma ordem que impediria a colisão do conjunto reduzido a uma pura relação de semelhantes. Essa nova lei, a lei do Nome-do-pai, é então fundamental para manter um certo arranjo.

Lacan retoma esse ponto para explicar que é exatamente esse fracasso da lei simbólica que explicaria o fato de encontrarmos, no relato de Schreber, uma "verdadeira invasão imaginária de sua subjetividade, uma dominância da relação em espelho, e uma impressionante dissolução do outro enquanto identidade".[143] Nessa dissolução da identidade, duas classes de figuras apareceriam: os homens feitos às pressas e os personagens que invadem o corpo de Schreber, as almas, o que resta daqueles que morreram. Lacan, contudo, ressalta que, apesar dessa dissolução da identidade, a relação imaginária não se enrola sobre si mesma, não se dissolve num preto hiante – o que se poderia esperar das maquininhas –, mas conserva uma certa estabilidade. Essa estabilidade pode ser mantida em função daquilo que ele chama de uma rede de natureza simbólica. Essa rede se faria perceber pelo fato de que, ao longo do delírio de Schreber, haveria uma fundamental matização de suas alucinações.

Percebe-se que, à medida que não há laço com o Outro, a proliferação imaginária se faz com seres produzidos por uma matização simbólica, mas sem relação com a vida. Essa proliferação imaginária, em sua precária relação simbólica, "vai desde o cochicho imperceptível até a voz das águas quando ele é confrontado à noite com Arimã. Ele retifica, de resto, mais adiante – não há ali só Arimã, devia haver Ormuzd também, os deuses do bem e do mal não podendo ser dissociados".[144] Lacan ressalta que, nessa relação a Arimã, há um momento de confronto, em que a palavra *Luder* surge como injúria. Esse seria o ponto culminante da fala. Ora, a injúria surge quando há uma decomposição da linguagem, e essa decomposição revela-se em Schreber por sua língua fundamental, aquilo que Lacan aponta como sendo essa exclusão do Outro. Ele lembra que há, na língua fundamental, algo que revela a função da frase em si mesma, remetendo-nos aos fenômenos das frases que surgem em sua a-subjetividade como frases interrompidas e que deixam o sentido em suspenso.

Vemos, então, primeiro uma decomposição do mundo de Schreber consequente à foraclusão, caracterizada pela profusão de seres imaginários, a-subjetivos, a-subjetividade que se revela pelo fato de que esses seres se apresentam apenas a partir da autonomia da frase simbólica em sua dimensão rasgada.[145] Para além dessa proliferação, a frase se apresenta em sua dimensão de pura alteridade na alucinação *Luder*. "Uma frase cortada no meio é auditiva. O resto está implicado enquanto significação. A interrupção chama uma queda, que pode ser indeterminada sobre uma vasta gama, mas que não pode ser qualquer uma. Há aí uma valorização da cadeia simbólica em sua dimensão de continuidade".[146]

Outro ponto de fundamental importância é o fato de que há, na relação do sujeito, tanto com a linguagem como com o mundo imaginário, um temor de que toda essa fantasmagoria se reduza a uma unidade e de que essa unidade aniquile a existência de Deus. É por isso que os raios não podem parar de falar. O sujeito, aqui, ao mesmo tempo em que é criador, que sustenta o outro, é paradoxalmente dependente desse outro, pois não consegue ser tomado como *ele*, como terceiro, mas como *tu*. Sem o *ele*, Schreber perde aquele que abonaria o seu ser, e a redução desse *ele* a um só parceiro, Deus, demonstra a dissolução de seu mundo. Schreber é condenado a pensar para manter em torno dessa proliferação imaginária, articulada a Deus, a perenidade de seu mundo.

Quando há o desencadeamento da psicose, acontece uma "verdadeira reação em cadeia ao nível do imaginário, na contradiagonal de nosso quadradinho mágico".[147] É assim que Lacan se refere à decomposição imaginária, um efeito contradiagonal, um "desmoronamento" de seu eixo. Em consequência, não podendo restabelecer seu pacto com o Outro, não sendo possível uma mediação simbólica, essa mediação passa a ser feita por uma proliferação imaginária compensatória, nos quais se introduz, de maneira a-simbólica, o sinal central, imaginário, de uma mediação possível. A exigência significante se mantém nesse mundo imaginário, sendo a língua fundamental de Schreber um signo dessa persistência. A relação do sujeito com o mundo se reduz ao espelho, sendo, portanto, reduzida à relação com Deus, em sua forma decomposta, e, dessa maneira, o delírio de Schreber nos mostra a estrutura decomposta original da relação imaginária no homem, que se faz diferente das maquininhas do modelo pensado por Lacan.

O imaginário no humano não se faz sem o simbólico. É o que mostra a decomposição do mundo de Schreber, que se explicita na relação com o outro e que tem em seu esforço de recomposição os efeitos da língua fundamental. Esta, por sua vez, revela que esse imaginário mantém relações com o simbólico, faltando-lhe, contudo, uma modulação. As frases interrompidas de Schreber mostram, assim como as falas interrompidas dos médicos amigos de Freud em seu sonho, a dimensão contínua da frase inconsciente, e, assim como a trimetilamina, Lacan toma a injúria *Luder* como esse ponto culminante da frase. Esse ponto culminante se apresenta onde não há mais o *ele*. Portanto, assim como no sonho de Freud, ou no delírio de Schreber, a continuidade da frase inconsciente se escancara ali onde não há mais um ponto terceiro em que o sujeito possa se alojar.

## A dialética do engano e o esforço de Schreber

Lacan nos assinala que, a partir do caso Schreber, é possível perceber, em grau último, que a relação psicótica funciona numa dialética a qual ele chama de fundamental, que é a dialética do engano. Esta se explicita pelo relato de Schreber de que Deus não teria uma relação completa a não ser com cadáveres; que Deus não compreenderia nada dos seres vivos. Para Lacan, não se trata de uma relação lógica, mas de uma relação corporal, vivida. É um Deus com o qual se mantém uma relação erótica que, como vimos, oscila entre a aproximação ameaçadora de uma incorporação, ou um afastamento insuportável pelo abandono que representa, e que não é apenas um semelhante, mas, como ser primeiro, uma garantia do real. Ele chama essa relação de transversal em relação àquela que ele chama de autêntica. Ela é transversal por se encontrar numa transversal em relação ao simbólico, assim como o imaginário se mantém ao eixo da fala.

> ... nesse delírio Deus é essencialmente o termo polar em relação à megalomania do sujeito, mas é na medida em que Deus aí está preso em seu próprio jogo. O delírio de Schreber vai nos desenvolver com efeito que Deus, por ter querido captar suas forças e fazer dele o resíduo, o lixo, a carcaça, objeto de todos os exercícios de destruição que ele, a seu modo intermediário, permitiu efetuar, está preso em seu próprio jogo. O grande perigo de Deus é, afinal de contas, o de amar demasiado Schreber, esta zona transversalmente transversal. Teremos de estruturar a relação do que garante o real no outro, isto é, a presença e a existência do mundo estável de Deus, com o sujeito Schreber enquanto realidade orgânica, corpo espedaçado.[148]

Boa parte das alucinações, da fantasmagoria e das construções mágicas de Schreber é feita de elementos de uma equivalência corporal e que tem seu pivô nessa lei transversal, visto que, nesse momento, ele se encontra reduzido ao imaginário, devendo-se lembrar que essa redução ao imaginário é entremeada de elementos simbólicos. Eis então que o esforço de Schreber é se reestruturar na relação com Deus, reorganizar, no mundo estável de Deus, um novo, a partir do corpo despedaçado que a falta da mediação simbólica produziu.

É interessante assinalar que, no sonho da injeção de Irma, Lacan já nos apresentava esse corpo despedaçado pelo enfrentamento de Freud, no sonho, da presença real do corpo que Lacan acentua na frase *tu és isto*, no momento em que ele se depara com a garganta de Irma, momento seguido pela fala de seus companheiros médicos que, por sua vez, falam por alusão. Somente após a profusão desses semelhantes é que a alteridade simbólica, mais além do imaginário e escrita na fórmula da trimetilamina, aparece. Podemos fazer uma série com o aparecimento do neologismo *galopiner* após o atravessamento imaginário na apresentação de paciente, a frase alusiva da paciente "Eu venho do salsicheiro" e a alucinação "porca", e também a alucinação "*Luder*", de Schreber, em seguimento à decomposição imaginária e à presença de frases interrompidas.

Em Freud, esses fenômenos foram possíveis pela sua insistência em continuar sonhando, não se despertando quando normalmente qualquer um despertaria, e, com isso, atravessando a barreira do Eu. Em Schreber, bem como nas outras duas pacientes psicóticas entrevistadas por Lacan, isso ocorre pela foraclusão do Nome-do-pai, ou seja, pela impossibilidade de o Édipo zelar pela função e distância nessa relação entre o simbólico e o imaginário.

Vimos que, no *Seminário 2*, Lacan nos dizia que a análise se efetuaria na fronteira entre o imaginário e o simbólico. O que interessa consequentemente à análise é o que se apresenta na hiância desse entrecruzamento entre o simbólico e o imaginário. Vimos também uma série de situações em que essa hiância, tensionada pela pulsão de morte, é ultrapassada. Podemos sintetizar essas diversas situações tomando como referência o que Lacan articula sobre Schreber. O problema de Schreber é a impossibilidade de constituir um *ele*. É possível afirmar que esse *ele* é fruto da escansão imaginária da frase contínua simbólica, escansão que podemos chamar de Eu e que Lacan nos afirma ser efeito do Édipo. Quando Freud sonha e em seu sonho ultrapassa o Eu, ultrapassa o efeito do Édipo, surge o *Tu és isto*, em toda a sua dimensão rasgada. Na psicose, a própria foraclusão do Nome-do-pai é responsável por esse efeito.

## O Eu e o falo

Pudemos ver que é uma escansão essencial o que faz a diferença entre a psicose e a neurose. Avancemos um pouco mais, agora retomando a "Questão preliminar...". Nela encontramos a seguinte descrição do inconsciente:

> Ensinamos, seguindo Freud, que o Outro é o lugar da memória ... que ele considera como objeto de uma questão que permanece em aberto, na medida em que condiciona a indestrutibilidade de certos desejos. A essa questão responderemos com a concepção da cadeia significante, na medida em que, uma vez inaugurada pela simbolização primordial (que o jogo do *Fort! Da!*, evidenciado por Freud na origem do automatismo de repetição, torna manifesta), essa cadeia se desenvolve segundo ligações lógicas cuja influência sobre o que há por significar, ou seja, o ser do ente, se exerce pelos efeitos dos significantes descritos por nós como metáfora e metonímia.[149]

A evolução de qualquer saber implica em mudanças conceituais e mesmo axiomáticas. Um percurso ao longo do ensino de Lacan certamente nos defronta com essas mudanças. É o que se revela nessa citação da "Questão preliminar". Paralelamente às alterações sofridas pelo estatuto que ele dá ao Outro, a própria noção de cadeia simbólica vai paulatinamente sendo transformada. Conceitos como os de metáfora e metonímia, sob a influência de Jakobson, passam a ocupar parte importante em seu pensamento. Acreditamos, contudo, ser possível manter o laço associativo desses novos elementos com os que estavam em jogo até então, principalmente a dimensão contínua do simbólico. O próprio Lacan permanecerá ainda por algum tempo, mesmo que mais esporadicamente, referindo-se a esse estatuto do simbólico, fora o fato de que o Esquema L permanecerá sendo utilizado de maneira explícita, mas, sobretudo, implícita ainda por algum tempo.

## A simbolização primordial

Como vimos na referida citação, Lacan nos fala de uma simbolização primordial do sujeito que o jogo do *Fort Da* revela e que foi apontado por Freud em "Além do princípio do prazer". Essa simbolização primordial constitui-se num momento inaugural do automatismo de repetição.

É bem conhecida a interpretação que Freud dá à brincadeira de seu neto, que consistia em arremessar e recolher o carretel preso a um fio[150] sendo que, junto a esses movimentos, expressava os fonemas *Fort* e *Da*.[151] A dimensão simbólica da brincadeira, revelada pela estrutura de oposição dos dois fonemas, é ressaltada por Lacan. Essa inauguração simbólica, ele nos lembra, faz-se a partir da relação da criança com a alternância de presença e ausência de sua mãe. Assim, a partir dessa alternância da presença e ausência, a criança se introduziria na dimensão repetitiva do simbólico.

No *Seminário 2*, essa repetição era entendida a partir da percepção de que, na medida em que o simbólico fracassa na tentativa de apreender o ser, ali onde o sujeito se inaugura em sua relação com esse mesmo simbólico, ele repete; repete na tentativa de realizar esse impossível, de captar esse ponto de fuga. Conforme vemos na citação de Lacan, essa mesma repetição significante é responsável pelo desenvolvimento da cadeia significante, decorrente do esforço do simbólico de dizer do ser.

No *Seminário 4*, é possível encontrar um melhor desenvolvimento desse ponto relativo a esse momento inaugural. Ali encontramos a afirmação de que o significante funciona sobre o fundo de uma experiência de morte.

> A experiência em questão nada tem a ver com o que quer que seja de vivido. Se nosso comentário do *Além do princípio do prazer* há dois anos,[152] pôde mostrar alguma coisa, foi realmente que se trata apenas de uma reconstrução, motivada por certos paradoxos da experiência, precisamente pelo deste fenômeno inexplicável – que o sujeito é levado a se comportar de uma maneira essencialmente significante, repetindo indefinidamente algo que lhe é, propriamente falando, mortal.[153]

Nesse seminário, essa repetição passa a ser elaborada a partir da referência imaginária do objeto: "A relação central de objeto, aquela que é dinamicamente criadora, é a da falta".[154] Aquele ponto de fuga, ponto inaugural da articulação do sujeito com o simbólico, ponto inapreensível, é abordado nesse momento pelo viés da falta constituinte e criadora do objeto, o objeto perdido de Freud. Em termos freudianos, toda *Findung* do objeto é uma *Wiederfindung*, ou seja, o objeto não será jamais nada além que um objeto reencontrado. E mais, existirá sempre discordância entre o objeto reencontrado com relação ao objeto procurado.[155]

O que está em questão é o esforço de Lacan em estabelecer como se dá a entrada da criança no simbólico e como isso se faz de forma articulada ao desejo. Ou, ainda, como que, a partir de *Das Es*, constitui-se um Eu. O que ele busca saber pode ser sintetizado pela seguinte pergunta: como a frustração – aqui tomada a partir da relação da criança com a presença e ausência da mãe – introduz a ordem simbólica? O sujeito, diz Lacan, não está isolado nem independente, e também não é ele quem introduz a ordem simbólica.

> Existe sempre na mãe, ao lado da criança, a exigência do falo, que a criança simboliza ou realiza mais ou menos. Já a criança, que tem sua relação com a mãe, não sabe nada disso... O fato de que, para a mãe, a criança esteja longe de ser apenas a criança, já que ela é também o

falo, constitui uma discordância imaginária, sobre a qual se formula a questão de saber de que maneira a criança tanto menino como menina, é induzida, ou introduzida, aí.

A frustração é o centro de onde se deve partir para articular essas primitivas relações da criança. Essas relações, responsáveis pelas primeiras fixações, ordenam-se em torno da *imago* primordial do objeto real seio materno. Lacan acentua, contudo, que, para entender melhor esse processo, é necessário perceber que, desde a origem, a frustração está constituída por duas vertentes que estarão reunidas até o final. Uma delas é a existência do objeto real, que bem antes de ser percebido como objeto exerce efeitos sobre o sujeito, pois, enquanto real, mantém com este uma relação direta. Entretanto, os momentos de ausência desse objeto, os momentos em que falta, introduzem uma outra vertente, que é a noção de agente, que, nesse caso, é a mãe. O que a brincadeirinha do neto de Freud denuncia nesse jogo de presença e ausência que faz com o carretel é a primeira constituição do agente da frustração. Portanto, a ausência do objeto seio, articulada em sequência lógica a um agente responsável por essa ausência, introduz a criança na dialética da presença e da ausência. "O objeto materno é chamado, propriamente, quando está ausente – e quando está presente, rejeitado, no mesmo registro que o apelo, a saber, por uma vocalização".[156]

Estaria aí esse momento inaugural da ordem simbólica. Nele verificamos esse momento em que a criança se situa entre um agente e sua presença e ausência, um mais e um menos que já são os primeiros elementos da ordem simbólica:

> Sem dúvida, este elemento não basta por si só para constituí-la, já que é necessário, em seguida, uma série, agrupada como tal, mas já há virtualmente na oposição mais e menos, presença e ausência, a origem, o nascimento, a possibilidade, a condição fundamental, de uma ordem simbólica.[157]

## A série simbólica

Se a criança se encontra inserida de forma primordial na ordem simbólica, resta saber como essa ordem se complexifica, como essa primeira relação a um objeto primordial se abre para outros elementos.

Isso se opera a partir do momento em que a mãe, agente dessa relação, cai de sua posição simbólica, de uma posição em que era tomada apenas enquanto ausente ou presente, e se torna real. Isso acontece à medida que a criança percebe a impossibilidade da mãe de responder a seus apelos. Quando a mãe aparece respondendo apenas a seus próprios critérios e não em relação direta aos apelos da criança, ela torna-se real e, tornando-se real, torna-se uma potência. Esse ponto é fundamental, pois marca o início da estruturação de toda a realidade posterior, mesmo se tratando de uma realidade delirante, como vimos acontecer com o Deus de Schreber.

Ora, até então, a criança mantinha com os objetos uma relação direta, objetos que ela apreendia em sua dimensão real. Com a percepção de que esses objetos estão na dependência dos critérios desse agente, que é a mãe, eles são reduzidos a não serem mais do que um dom dessa mãe. Assim, os objetos que eram reais passam a ser simbólicos, tomados na dialética da presença e ausência, enquanto a mãe, até então tomada nessa dialética, passa a ser real, tendo esses objetos como marca simbólica do valor real de sua potência. Pode-se perceber que estamos, desde então, numa relação que não tem nada de dual; pelo contrário, ela é um triângulo formado pela mãe, seus objetos e a criança naquilo que Lacan chama de ternário imaginário. O objeto agora pode tanto satisfazer uma necessidade como simbolizar uma potência favorável, passando, portanto, a apresentar duas ordens de propriedade satisfatória. Lacan ainda assinala a importância de se perceber que esse processo denota que, para a criança, uma onipotência se constitui, mas que não é a dela própria, e sim a onipotência da mãe.

Todo esse desenvolvimento sobre o que empreende a entrada da criança no simbólico ainda não é suficiente para nos permitir localizar qualquer elemento que aponte para a diferenciação neurose/psicose. Até esse momento, o que está em jogo é apenas essa entrada.

Permanece a questão: por que a dimensão rasgada do simbólico aparece no sonho de Freud diferentemente da psicose, na qual aparece na vida desperta?

Desde Freud sabemos que uma criança pode ocupar para uma mulher o lugar de falo. É necessário, para tanto, que a mãe espere alguma coisa dessa criança e que encontre na criança algo dessa realização fálica. Da mesma maneira, esse encontro é também sempre marcado pelo fracasso, pois, se a criança imaginariamente pode representar para a mãe esse falo, em sua presença real, ela mostra a impossibilidade de colmar a esses anseios. A criança também percebe que falta algo à mãe e, na busca de se aliviar de seu desamparo, tenta se oferecer a ela como aquilo que lhe falta. Ela se orienta em direção ao desejo dessa mãe oferecendo seu ser como sendo o que satisfaria esse desejo. Para isso, é necessário que ela consiga se incluir nessa relação como objeto do amor da mãe, sendo condição para tal inclusão a sua percepção de que produz prazer para esta.

> A questão é saber em que momento, e como, a criança pode ser introduzida diretamente à estrutura simbólico-imaginário-real, tal como se produz para a mãe (…) Em que momento a criança pode, em certa medida, sentir-se despossuída ela mesma de algo que exige da mãe, percebendo que não é ela quem é amada, mas uma certa imagem?[158]

O que Lacan nos diz é que, se a relação da criança para com essa mãe, que é tomada como potência e possuidora de dons simbólicos que são experimentados em sua alternância de presença e de ausência, não for experimentada para além do registro da frustração, a criança permanecerá sujeita aos caprichos da lei insensata dessa mãe. É preciso que essa relação não se dê apenas no nível do duplo especular, mas que a criança possa ir além da frustração, tomando a relação com os objetos no registro da castração simbólica.

## A metáfora paterna e o falo

Referindo-se a Gisela Pankow, Lacan diz, no *Seminário 5*, que é fundamental encontrar, no campo das palavras, aquela que seja capaz de fundar a fala como ato no sujeito.[159] Prosseguindo, ele afirma que é somente na dimensão metafórica que essa invocação se realiza, sendo essencial, para isso, que o sujeito tenha adquirido a dimensão do Nome-do-pai.

Como em outros momentos, para organizar seu pensamento, mais uma vez ele utiliza o Esquema L, desta feita articulando-o ao triângulo edípico:

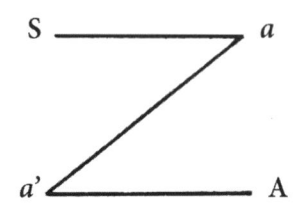

Lembra-nos de que aquilo que acontece em S, *Das Es*, depende do que se coloca de significantes no A. Isso fica mais claro quando esclarece que, dos quatro pontos cardeais do Esquema L, três são dados pelos três termos subjetivos do complexo de Édipo como significantes encontrados em cada vértice do triângulo. O quarto termo, que não se encontra recoberto pelos significantes do Édipo, é exatamente o S. É justamente por isso que ele é "inefavelmente estúpido, pois não tem seu significante. Está fora dos três vértices do triângulo edipiano e depende do que venha a acontecer nesse jogo".[160]

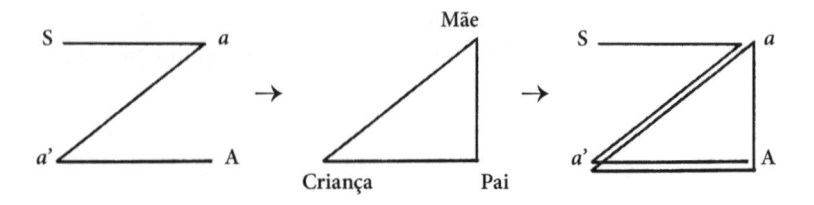

Assim, vemos aparecer, no desenvolvimento do esquema L, o que no *Seminário 2* aparece como o ponto de fuga, ponto inapreensível em que o sujeito se insere na cadeia simbólica e que se revela nas frases interrompidas, nas alusões ou na acefalia da fórmula da trimetilamina; ou que, no *Seminário 4*, em sua vertente imaginária, aparece como o objeto irrecuperável.

Mas é desse ponto não constituído em que se encontra que o S terá que participar do jogo, fazendo-o com suas imagens, com sua estrutura imaginária. Ele vai representar-se em algo imaginário que se opõe ao significante do Édipo e que também deve ser ternário.

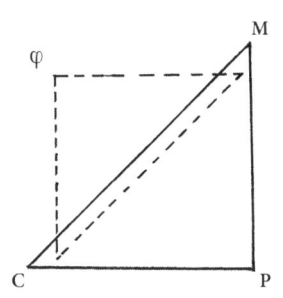

A base do triângulo imaginário é formada pelo corpo despedaçado e sua imagem unificadora, ou, como prefere Lacan, pela relação do eu com sua imagem especular. Ela se confunde com a base do triângulo edipiano formada pela mãe e pela criança. O terceiro ponto do triângulo imaginário é o falo, que se apresenta, dessa maneira, entre a relação do corpo despedaçado e sua imagem unificadora, ou entre a mãe e a criança. É nesse ponto, diz Lacan, que se pode ver o efeito da metáfora paterna.

$$\frac{\text{Nome - do - pai}}{\text{Desejo da mãe}} \bullet \frac{\text{Desejo da mãe}}{\text{Significado para o sujeito}} \rightarrow \text{Nome - do - pai}\left(\frac{A}{\text{Falo}}\right)$$

A metáfora paterna tem como efeito produzir o falo como significação do desejo da mãe: "É na relação com a mãe que a criança experimenta o falo como o centro do desejo dela".[161]

A criança, enquanto se relaciona com a mãe na dialética da frustração, não deixa de ser apenas mais um de seus objetos. Contudo, a incidência do Nome-do-pai permite-lhe ir além dessa dialética, produzindo a significação das idas e vindas da mãe. Trata-se do falo que, como significação, somente se apresenta caso se realize a substituição do significante do desejo da mãe pelo significante do pai. Isso quer dizer que a mãe deve tomar o pai como uma lei que se encontra acima de seus caprichos, o que vai permitir à criança identificar-se especularmente com o objeto do desejo dessa mãe. A partir do momento que a criança interpreta o desejo da mãe, busca se fazer à imagem deste. Como consequência, o falo passa a ser o objeto imaginário com que a criança tem que se identificar para satisfazer esse desejo, estando aí a base de toda a relação narcísica.

### Neurose e psicose

Na constituição, a partir do Esquema L, daquilo que Lacan nos apresentará como Esquema R e que apresenta a topologia da constituição da realidade na neurose, podemos ver que, em sua posição, a significação fálica, como efeito da metáfora paterna, é o que sustenta a relação de disjunção no entrecruzamento do simbólico e do imaginário, mantendo, dessa forma, a hiância tão cara ao sujeito. O falo tem, por conseguinte, tanto uma vertente simbólica como uma vertente imaginária.

> Há nesse desenho uma relação de simetria entre *falo*, que está aqui no vértice superior do ternário imaginário, e *pai*, no vértice inferior do ternário simbólico. Veremos que não há aí uma simples simetria, mas uma ligação. Como é que já se faz possível eu adiantar que essa ligação é de ordem metafórica?[162]

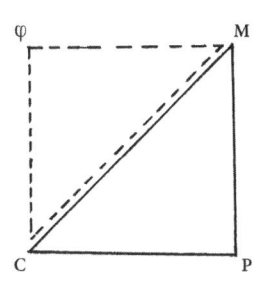

Com esses elementos, podemos esclarecer a questão com a qual vínhamos nos deparando e que diz respeito à diferenciação neurose e psicose. O Nome-do-pai, à medida que produz a significação fálica como significação do desejo da mãe, introduz para a criança a dimensão simbólica, permitindo-lhe, por identificação à dimensão imaginária desse falo, constituir um Eu (que, como vimos, é *ele*) que, como terceiro, funcionará como elemento estabilizador de suas relações com seus objetos, mantendo na dimensão unificada de seu corpo a barreira, a escansão necessária para impedir a redução do sujeito a sua dimensão simbólica. Foi esse o desenvolvimento de ideias que Lacan apresentou em seu "Estádio do espelho". Esse seria o encontro do sujeito com o que é propriamente uma realidade e ao mesmo tempo não é, ou seja, uma imagem virtual. O espelho

> (...) vem em socorro de uma atividade à qual, desde logo, o sujeito só se entrega por ter de satisfazer o desejo do Outro, e, portanto, almejando iludir esse desejo. Esse é todo o valor da atividade jubilatória da criança diante de seu espelho. A imagem do corpo é conquistada como algo que, ao mesmo tempo, existe e não existe, e em relação ao qual ela situa seus próprios movimentos, bem como a imagem daqueles que a acompanham diante desse espelho (...) Qualquer possibilidade de que a realidade humana se construa passa literalmente por aí.[163]

Na psicose, na impossibilidade de interpretar o desejo da mãe, que se mantém caprichoso, regulado apenas pela própria lei materna, o sujeito encontra-se impossibilitado de constituir um Eu, de estabilizar suas relações imaginárias com os objetos mantendo-se na dialética da frustração, o que resulta na decomposição de seu mundo e na invasão de sua subjetividade pela frase simbólica.

Se, a partir do Esquema L, Lacan nos diz que neurose ou psicose dependem do que vai acontecer em *A*, podemos, a partir desse último desenvolvimento, começar a esclarecer as elaborações presentes na "Questão preliminar". A começar de sua identificação ao falo, é possível ao sujeito, na neurose, encontrar em *A* respostas às questões sobre a sua existência. A pergunta "Que sou eu nisso?", que concerne à posição sexual, onde ser homem ou mulher apresenta sua face de contingência, ou questões sobre a vida e a morte ou sobre a procriação, encontram, nesse enlaçamento de *S*, *Das Es*, aos significantes do Édipo, uma via de articulação. Via essa aberta à dimensão da fantasia, na qual a profusão imaginária não se faz sem a função diretiva do significante. Na psicose, outro recurso deverá ser utilizado pelo sujeito.

## O falo como razão

Antes de desenvolver um pouco mais a solução psicótica a partir da "Questão preliminar", um ponto ainda fundamental permanece enigmático. Como pode o falo funcionar como esse articulador do simbólico e do imaginário; como esse operador que permite o entrecruzamento da dimensão contínua do inconsciente com a imaginária unidade do Eu?

Para tentar responder a essa questão, uma afirmação de Lacan em "A significação do falo" servir-me-á de eixo: "O falo como significante dá a razão do desejo (na acepção em que esse termo é empregado como 'média e razão extrema' da divisão harmônica)".[164]

Diz-se que um segmento AB está dividido harmonicamente por dois pontos P e P' quando a razão das distâncias do ponto P aos pontos A e B é igual à razão das distâncias de P' aos mesmos dois pontos.

$$\frac{PA}{PB} = \frac{P'A}{P'B}$$

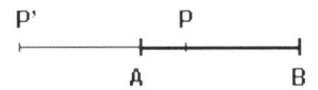

Os pontos P e P' são chamados de conjugados harmônicos. O que seria então uma divisão harmônica em média e extrema razão?

## O segmento áureo

No livro de Paul-Henri Michel *De Pythagore a Euclide*, encontramos um belo trabalho que pode nos ajudar a apreender o que é uma divisão em média e extrema razão. Ele utiliza-se das referências presentes em *Elementos*, de Euclides, pois, segundo Michel, esse é o único texto importante sobre matemática em que podemos encontrar, numa perspectiva histórica, todos os elementos relativos a essa divisão. Ele nos explica que, se colocarmos sobre uma reta AB um ponto C, esse ponto divide essa reta em dois segmentos: AC e CB. Se o ponto C se acha a igual distância de A e de B, os segmentos AC e CB são iguais, a divisão é chamada simétrica e essa reta pode ser nomeada como racional, podendo ser representada por um número. Se esse número for, por exemplo *n*, temos AB = *n*, AC = CB = $\frac{1}{2}$ *n*.

Se, por outro lado, o ponto C é desigualmente distante de A e de B, a divisão é chamada assimétrica.

Uma reta qualquer se presta a uma infinidade de divisões assimétricas, mas algumas entre elas podem ser consideradas privilegiadas e merecem reter nossa atenção. Seja uma reta AB cortada em C de tal maneira que AC≠CB, três grandezas diferentes aparecem: a reta inteira AB e cada um de seus segmentos, AC e CB. Pode-se, por convenção, denominar essas três grandezas por $a$, $b$, $c$, sendo que $a$ representaria o segmento AC, $b$ o segmento CB e $c$ a reta inteira AB.

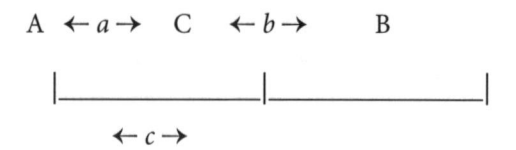

```
A ←a→   C  ←b→      B
|_____|_____|
   ←c→
```

Entre essas três grandezas, seis relações podem ser estabelecidas, $\frac{a}{b}$ $\frac{a}{c}$ $\frac{b}{a}$ $\frac{b}{c}$ $\frac{c}{a}$ $\frac{c}{b}$, e uma série de proporções podem ser estabelecidas entre essas relações, nas mais diversas combinações.[165] Não nos ocupamos aqui do desenvolvimento das diversas combinações que Paul-Henri Michel nos mostra em seu livro nem como essas combinações podem ser feitas. O que nos interessa é que, ao final de diversas operações, elas podem ser sucessivamente reduzidas a não mais que duas:

$$\frac{a}{b} = \frac{c}{a} \text{ e } \frac{a}{b} = \frac{b}{c}$$

Sendo que essas duas podem ser assim expressas:
$$a^2 = bc \text{ e } b^2 = ac$$

Essas duas proporções expressam o que geometricamente se expressa pelas duas divisões assimétricas da reta:

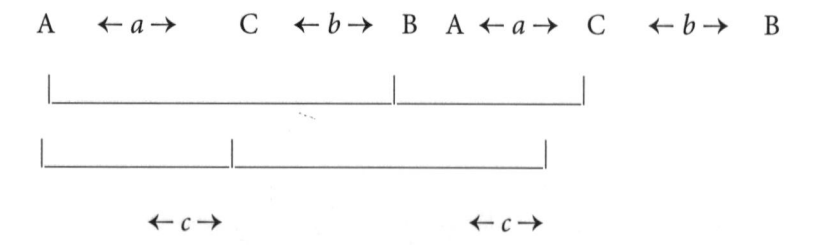

```
A  ←a→   C ←b→ B   A ←a→   C   ←b→  B
|_____|_____|
|_____|_____|
   ←c→                    ←c→
```

Nos dois casos, o produto da reta inteira $c$ multiplicada por um de seus segmentos ($a$ ou $b$) é igual ao quadrado do outro segmento, ou, nos lembra Paul-Henri Michel, como diziam os matemáticos gregos, em linguagem puramente geométrica, o retângulo formado pela reta inteira e um de seus segmentos é igual ao quadrado construído sobre o outro segmento.

Como a reta $c$ é composta pelos dois segmentos $a$ e $b$, nas equações, o termo $c$ pode ser substituído pela operação $a+b$. Assim, a proporção $\frac{a}{b}=\frac{c}{a}$ torna-se $\frac{a}{b}=\frac{a+b}{a}$ e a proporção $\frac{a}{b}=\frac{b}{c}$ torna-se $\frac{a}{b}=\frac{b}{a+b}$. No primeiro caso, $\frac{a+b}{a}$ é evidentemente maior que 1, o que significa que $\frac{a}{b}$ também o é e, consequentemente, $a$ é maior que $b$ ($a>b$). No segundo caso, $\frac{b}{a+b}$ é também, evidentemente, menor do que 1. Pela mesma linha dedutiva, podemos concluir que $\frac{a}{b}$ também é menor que 1 e que, portanto, $a$ é menor que $b$ ($a<b$). Nos dois casos, as relações entre a reta AB e seus segmentos são idênticas, o segmento $a$ da primeira reta sendo igual ao segmento $b$ da segunda reta.

Como conclusão de todo esse raciocínio, P-H. Michel mostra-nos que todas as divisões que são possíveis de serem efetuadas em uma reta, se for levado em consideração a igualdade estabelecida pela proporção, ou seja, que alguma proporção entre os segmentos seja mantida, podem ser reduzidas a apenas duas: uma que é a divisão simétrica, segundo a qual $a = b = \frac{c}{2}$, ou seja, aquela em que a reta é dividida em dois segmentos iguais; e a outra que é uma divisão assimétrica privilegiada, aquela divisão em que o segmento maior se relaciona com o menor, assim como a soma dos segmentos (a reta inteira) se relaciona com o maior. A isso se chama igualdade de relação ou identidade de "razão". É essa divisão assimétrica que os antigos chamavam de seção em extrema e média razão. Essa é a terminologia da terceira definição do Livro VI dos *Elementos*, de Euclides. Portanto, uma reta é dita cortada em extrema e média razão quando a reta inteira está para o maior segmento assim como o maior segmento está para o menor. Essa reta constituída por essa proporção em seus segmentos se chama segmento áureo e chama-se *φ (Phi)* a letra que designa o valor dessa razão, que pode também ser conhecida como número de ouro.

## A incomensurabilidade da "razão"

Não é particularmente difícil chegarmos ao valor dessa razão do segmento áureo.[166]

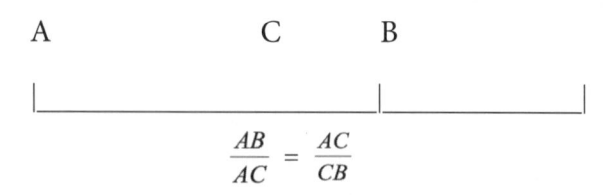

```
A                    C           B
|_____|_____|
```

$$\frac{AB}{AC} = \frac{AC}{CB}$$

Se tomarmos o segmento AC como nosso $x$, e o segmento CB como 1, teremos a seguinte equação: $\varphi = x + \frac{1}{x} = \frac{x}{1}$, o que nos leva a $\varphi = x^2 + x + 1 = 0$. O resultado dessa equação é $\varphi = x = \frac{\sqrt{5}+1}{2} = 1{,}61803\ldots$ Temos como resultado um número irracional, portanto, indeterminado e incomensurável. Essa, contudo, é a vertente positiva do valor da razão, pois existe uma negativa. Para tanto, basta que, em vez de AC, tomemos o segmento CB como nosso $x$ e AC tenha, por sua vez, o valor de 1. A equação se apresentará como $\varphi = x + \frac{1}{1} = \frac{1}{x}$ e, consequentemente, $\varphi = x^2 + x - 1 = 0$, $\varphi = x = \frac{\sqrt{5}-1}{2} = 0{,}61803\ldots$ Essa vertente do valor da razão é notada como $-\varphi$ e também é um número irracional.

Não se trata de um mero artifício da notação; a razão $-\varphi$ é realmente a recíproca negativa de $\varphi$. Se multiplicarmos uma pela outra, teremos $-1$ como resultado. Isso pode ser assim demonstrado: $\frac{1}{\varphi} = \frac{2}{\sqrt{5}+1} = \frac{\sqrt{5}-1}{2} = -\varphi$. De modo sintético, temos $\frac{1}{\varphi} = -\varphi$.

Acrescentemos que o $\varphi$ é único número que, se diminuirmos dele uma unidade, ele se torna o seu próprio recíproco: $\varphi - 1 = \frac{1}{\varphi}$

Paul-Henri Michel acredita que os pitagóricos já tinham conhecimento da divisão em média e extrema razão, por mais que a obra de Euclides possa transparecer que não. Nos primeiros livros de sua geometria, parte de sua obra, que se dedica aos pitagóricos, ele não se refere à proporção. Michel justifica essa ausência pelo fato de que os pitagóricos considerariam o problema da média e extrema razão essencialmente aritmético.[167] Como a solução do problema da média e extrema razão leva ao irracional, podemos perceber que os pitagóricos se viram diante do mesmo problema que encontraram com o triângulo retângulo do teorema de Pitágoras. Entretanto, o problema do triângulo poderia encontrar uma solução racional, desde que se ocupassem de triângulos que não pusessem em jogo os números irracionais, os chamados triângulos retângulos de "lados inteiros". Ora, para o segmento áureo não existe solução racional. Michel então assinala que, se Euclides fosse se ocupar desse impasse em seu *Elementos*, teria que mudar de método dentro do mesmo problema, passando do método geométrico para o aritmético. Para evitar esse inconveniente, ele teria escolhido, na parte de seu *Elementos* em que se ocupa dos pitagóricos, ocupar-se apenas de problemas puramente geométricos, independentes de proporções e números.

A observação de Paul-Henri Michel, de que o problema suscitado pelo segmento áureo aos pitagóricos é da mesma ordem de problema suscitado pelo triângulo retângulo, referenda a ideia com a qual nos ocupamos no início, na qual trabalhamos a ruptura produzida na matemática pelo número irracional e que se caracterizava pela ruptura entre a aritmética e a geometria. Foi exatamente esse o elemento de que se ocupou Lacan em seus comentários sobre o *Mênon* de Platão. Dessa forma, podemos deduzir que essa discussão entre a *Doxa* e a *Epistemé*, entre o imaginário e o simbólico, presente no *Seminário 2*, permanece em suas elaborações dos anos 1950 aparecendo, agora, diante de questões relativas à relação possível entre a dimensão rasgada, despedaçada do simbólico e a pretensa unidade imaginária.

# A divina proporção

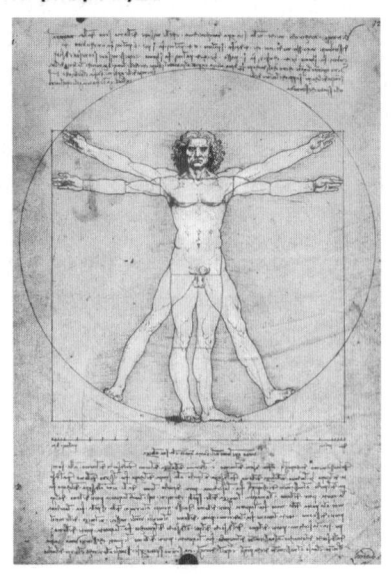

A LA DIVINA PROPORCIÓN

*a tí, maravillosa disciplina,*
*media, extrema razón de la hermosura*
*que claramente acata la clausura*
*viva en la malla de tu ley divina.*
*A tí, cárcel feliz de la retina,*
*áurea sección, celeste cuadratura,*
*misteriosa fontana de mesura*
*que el universo armónico origina.*
*A tí, mar de los sueños angulares,*
*flor de las cinco flores regulares,*
*dodecaedro azul, arco sonoro.*
*Luces por alas un compás ardiente.*
*Tu canto es una esfera transparente.*
*A tí, divina proporción de oro.*

Rafael Alberti

Em 1509, ilustrado por Leonardo da Vinci, foi publicado, em Veneza, o livro de Luca Pacioli, *De Divina Proportione*, livro que, anos antes, em 1498, ele havia oferecido ao Duque Ludovico Sforza de Milão. Da Vinci, fascinado que era pela beleza da forma, teria ficado encantado ao travar conhecimento com o segmento áureo através de seu encontro com Pacioli. Em seu tratado, Pacioli discorre sobre as relações do segmento áureo com os poliedros regulares, com o corpo humano e com a arquitetura revelando sua admiração e localizando cinco atributos divinos nessa proporção:

> (…) concordante com os atributos que pertencem a Deus… O primeiro é a unicidade… O segundo atributo concordante é aquele da Santa Trindade; ou seja, do mesmo modo que em Deus uma só substância reside em três pessoas, o Pai, o Filho e o Espírito Santo, da mesma maneira convém que uma mesma relação ou proporção se encontre sempre entre três termos". Terceiro atributo: "Assim como Deus que não pode definir em termos próprios as palavras não nos podem fazer entender, assim nossa proporção não se pode jamais determinar por um número que possamos conhecer nem exprimir por qualquer quantidade racional, mas é sempre misteriosa e secreta, e qualificada pelos matemáticos de irracional". Quarto atributo: "Assim como Deus que não pode jamais mudar e é todo em tudo e todo inteiro em cada parte, da mesma forma nossa presente proporção é sempre a mesma e sempre invariável…" Quinto atributo: "Assim como Deus confere o ser à Virtude Celeste chamada Quintessência, e por ela aos quatro outros corpos simples, ou seja, aos quatro elementos Terra, Água, Ar e Fogo… da mesma maneira nossa santa proporção dá ser formal ao céu, assim como Platão que em seu Timeu atribui ao céu a figura do corpo chamado dodecaédro… aquele que não se pode formar sem nossa proporção…[168]

Ao longo da história da humanidade, não são poucas as referências ao estatuto místico e belo dado ao segmento áureo. Da Vinci pode ser tomado como destaque, mas no Renascimento muitos escultores, pintores e arquitetos se interessaram pelo segredo da beleza estética usando a matemática e buscaram, na proporção áurea, a razão dessa beleza. Ao que parece, contudo, desde o antigo Egito ela já era utilizada, sendo encontrada na Estrela do Rei Get.[169] Na antiga Grécia, um escultor em particular notabilizou-se pelo uso do retângulo áureo. Esse retângulo é considerado como uma das mais harmônicas expressões geométricas da beleza. Trata-se de um retângulo construído de forma que seus lados preservam entre si a proporção áurea.[170] Esse escultor chamava-se Phídias, e, entre muitas obras, uma de suas que mais se destaca é o Parthenon de Atenas, que preserva em sua fachada as formas geométricas do retângulo áureo. E foi em homenagem a esse artista grego que, no início do século XX, o número de ouro recebeu a notação φ, que, em grego, é a primeira letra de seu nome.

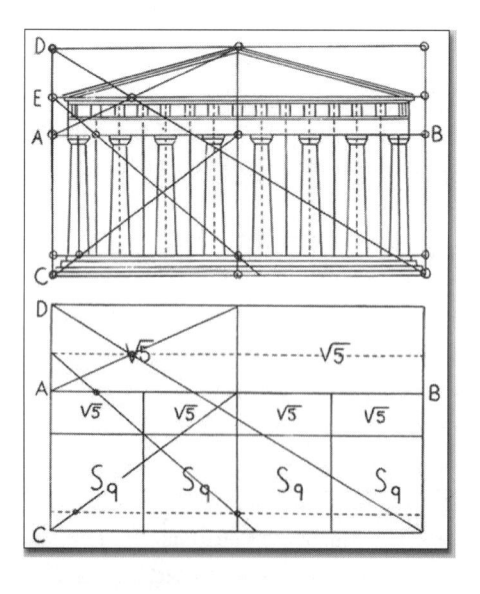

Ainda hoje, diversas são as publicações, produções artísticas, websites e manifestações místicas que creditam à divina proporção, ao número de ouro, uma possibilidade formal de se alcançar a beleza.

## A solução de Lacan

O φ e o ϕ

> Acontece que, precisamente por não ser o pequeno Hans um simples amante da natureza, ele é um metafísico. Ele porta a questão ali onde ela reside, isto é, no ponto onde há algo que falta. E ali ele pergunta onde está a razão, no sentido em que se diz razão matemática, dessa falta-a-ser.[171]

Como pudemos ver, a média e extrema razão do segmento áureo, o número de ouro, cria uma proporção entre dois pontos de uma reta qualquer, virtual infinita, pela introdução de um terceiro ponto, que mantém entre os segmentos criados entre essas interseções uma proporção que abre a possibilidade inclusive de que outros pontos possam, em série e infinitamente, ser adicionados a essa reta, conservando a mesma proporção – desde que seja respeitada a razão entre eles. Deve-se assinalar que o número dessa razão, o φ, não se insere nessa reta; ele, como razão que é, permanece em exterioridade, fora da série, mas mantendo a estabilidade desta, estabilidade alcançada a partir dos primeiros três termos dessa relação, que somente se inaugura com o advento mesmo dessa razão. Anteriormente a ela, não poderíamos falar de qualquer relação ou proporção, apenas de uma reta virtual infinita qualquer.

Essa razão que devemos ressaltar é um número irracional, portanto, incalculável, que não encontra sua solução pela aritmética; se esclarece pelas proporções geométricas. As relações entre os segmentos que se mantêm em média e extrema razão permitem inclusive criar figuras geométricas consideradas por muitos, ao longo da história da humanidade, e mesmo em nossos dias, como as formas mais belas. Biólogos, botânicos e matemáticos já localizaram a divina proporção na natureza de plantas, moluscos e, assim como da Vinci, nas proporções do corpo humano. Esse número de ouro é, portanto, uma razão notável seja na aritmética, seja na geometria, seja na *doxa*, seja na *epistemé*. Ele permite um certo encobrimento do real, em sua articulação imaginária e simbólica.

Não creio que deveríamos creditar ao acaso, a uma mera coincidência, o fato de Lacan se utilizar da letra grega φ para nos apresentar a significação fálica. Ele nos anunciou que o falo é a razão do desejo se tomada em referência à média e extrema razão do segmento áureo. As propriedades do número de ouro ressaltadas acima enquadram-se muito bem, numa perspectiva metafórica, às propriedades do falo. Contudo, para tanto, é necessário retomarmos a definição de divisão harmônica, pois ela acrescenta um pequeno detalhe, que pode passar desapercebido, mas que, considerando o rigor de Lacan, não se apresenta por acaso.

Lembremos que, na divisão harmônica, além dos três pontos com os quais nos ocupamos – os dois primeiros e o terceiro que vem estabelecer a proporção áurea –, existe um quarto ponto, exterior aos dois primeiros, mas que mantém com o terceiro uma relação que se sustenta pela condição de que esse quarto termo mantenha, com os dois primeiros, a mesma relação que os dois primeiros mantêm com o terceiro. Em função dessa relação, o terceiro e quarto termos são chamados, na divisão harmônica, de conjugados harmônicos. O Nome-do-pai, como terceiro termo na relação da criança com a mãe, mantém com o quarto termo, produzido por sua incidência mesma, uma relação que, conforme já tivemos a oportunidade de mostrar, é referida por Lacan como sendo mais que "uma simples simetria, mas uma ligação. Como é que já se faz possível eu adiantar que essa ligação é de ordem metafórica?". Não poderíamos chamar o Nome-do-pai e o φ de conjugados harmônicos?

Essa interrogação torna-se ainda mais interessante a partir do seguinte exercício:

```
A              C   B       D
|_____|___|_____|
```

Para que tenhamos aqui uma divisão harmônica, é necessário que C e D sejam conjugados harmônicos, ou seja, estejam no segmento numa simetria que preencha as seguintes condições:

$$\frac{AD}{AB} = \frac{AB}{BD} \quad \text{e também} \quad \frac{AB}{AC} = \frac{AC}{CB}$$

Tal simetria deverá chegar à conclusão de que AC = BD. Testemos então esta hipótese: se o segmento AB for considerado como sendo 1, teremos AC = $\frac{1}{\varphi}$, BC = $\frac{1}{\varphi^2}$ e AD = $\phi$.

É interessante notar como todos os segmentos se expressam pela proporção áurea seguindo a seguinte equação:

$$\frac{AD}{1} = \frac{1}{BD} \quad \text{assim como} \quad \frac{1}{AC} = \frac{AC}{CB}$$

AD.BD = 1  assim como AC$^2$ = CB

$\phi$.BD = 1 assim como AC$^2$ = $\frac{1}{\varphi^2}$

BD = $\frac{1}{\varphi}$  AC = $\frac{1}{\varphi}$, logo, BD = AC

Para tornar nosso exercício um pouco mais interessante, vamos chamar AD de NP, lembrando que esse segmento se apresenta porque o ponto D se acrescenta à reta que apenas continha os pontos A e B. Esse segmento inaugural, composto pelos dois primeiros pontos AB, chamemos de DM. E chamemos de x o segmento BD, cuja medida queremos descobrir. As mesmas equações teriam a seguinte apresentação:

$$\frac{AD}{AB} = \frac{AB}{BD} \quad \text{assim como} \quad \frac{AB}{AC} = \frac{AC}{CB}$$

$$\frac{NP}{DM} = \frac{DM}{x} \quad \text{assim como} \quad \frac{DM}{AC} = \frac{AC}{CB}$$

$$\frac{NP}{1} = \frac{1}{x} \quad \text{assim como} \quad \frac{1}{AC} = \frac{AC}{CB}$$

NP.x = 1 assim como AC$^2$ = CB.

Sabemos que $AC = \dfrac{1}{\varphi}$ e que $BD = AC$, logo, $NP. \dfrac{1}{\varphi} = 1$

Podemos escrever um trajeto para essa equação da seguinte maneira:

$$\frac{NP}{DM} \cdot \frac{DM}{x} \to NP. \frac{1}{\varphi}$$

O resultado dessa equação é 1.

O ponto D, agindo sobre o segmento AB pela divisão harmônica e de forma simétrica ao ponto C, que também se instaura de forma conjugada, instaura uma proporção que até então não existia. Essa proporção é a razão φ, e os quatro pontos passam a existir ordenados em torno dessa constante:[172]

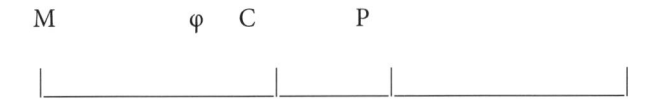

```
M           φ    C         P
|_____|_____|_____|
```

Ou então:

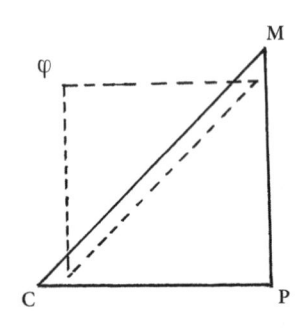

[figura: triângulo com vértices M (superior direito), C (inferior esquerdo), P (inferior direito), com φ indicado no lado esquerdo]

Ou:

$$\frac{\text{Nome - do - pai}}{\text{Desejo da mãe}} \cdot \frac{\text{Desejo da mãe}}{\text{Significado para o sujeito}} \to \text{Nome - do - pai}\left(\frac{A}{Falo}\right)$$

A fórmula da metáfora paterna, ao que parece, e também não por acaso, assemelha-se à equação da divisão harmônica. O fato é que, assim como o número de ouro, o falo estabiliza a relação dos três termos do complexo de Édipo; ele se instala ali onde não havia qualquer proporção, onde não havia qualquer relação, os inaugurando.[173] O falo é, nesse momento do ensino de Lacan, um significante que, embora fora da cadeia, a estrutura. A significação fálica do desejo da mãe permite à criança buscar, na imagem desse desejo, imagem que ela antecipa em seu reflexo no espelho, a mais bela das formas, onde ela constitui narcisicamente a unidade de seu corpo, que é motivo de júbilo. Portanto, ele articula a dimensão contínua do simbólico, sua dimensão rasgada, à unidade ilusória do imaginário.

## A solução neurótica

Sabemos, com Lacan, que a relação sexual não existe. Esta, contudo, não é a crença neurótica. O neurótico acredita na dimensão imaginária do falo. Se, como vimos no *Seminário 2*, no humano é a má forma que reina, o neurótico aposta na bela forma, eterna como em Platão. Por mais que a hiância real, a castração esteja sempre a surpreendê-lo, ela está para ele recalcada. Assim, na articulação do simbólico ao imaginário, ele se lança a essa identificação com a imagem, "Ali onde a instância do Eu, numa linha de ficção, somente se unirá assintoticamente ao devir do sujeito".[174] É importante observar que, já em seu "Estádio do espelho", Lacan tinha a clareza de que essa identificação à imagem se faria de maneira assintótica. Afinal, a imagem do falo é uma aposta neurótica na negação da castração, aposta esta que constrói o seu mundo. Contudo, a dimensão irracional do simbólico persiste, e o falo, como aquele operador que dialetiza a unidade ilusória da imagem com o incomensurável da linguagem, somente se apreende assintoticamente.

Ao que parece, mesmo os leitores de Lacan não perceberam que o Esquema R não é um quadrado, o que o obrigou a acrescentar uma nota em 1966 explicando que se tratava de uma topologia a partir do plano projetivo.[175] Não há beleza da forma!

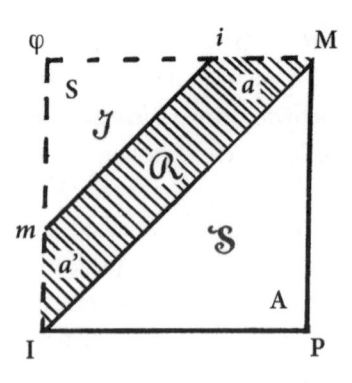

O neurótico, contudo, constitui sua realidade a partir dessa dupla via que o falo, como razão do desejo da mãe, abre e que se revela no Esquema R. Em sua dimensão imaginária, ele aponta o caminho para que o sujeito se lance em sua primeira *Urbild*, permitindo, assim, a constituição do campo imaginário de sua realidade. Contudo, é em sentido diverso ao do imaginário, em direção à dimensão simbólica do significante, que esse campo se amplia. Tal movimento de ir e vir se faz possível pela capacidade dialética do falo de articular o uno e o múltiplo.

> Esse esquema comporta um duplo movimento de báscula. Por um lado, a realidade é conquistada pelo sujeito humano na medida em que chega a um de seus limites sob a forma virtual da imagem do corpo. De maneira correspondente, é pelo fato de o sujeito introduzir em seu campo de experiência os elementos irreais do significante que ele consegue ampliar o campo dessa experiência até a medida em que ele é ampliado para o sujeito humano.[176]

## A solução elegante de Schreber

Tomando como referência o valor de razão matemática de $\varphi$, as consequências da foraclusão do Nome-do-pai apresentadas por Lacan na "Questão preliminar", sintetizadas pelo Esquema I, se esclarecem. Como vimos anteriormente, transportado para o esquema da neurose, na divisão harmônica, o significante do pai entra como conjugado harmônico ao significante $\varphi$. Com a foraclusão do Nome-do-pai, o termo paterno não se acrescenta ao simbólico e, por consequência, o $\varphi$ também não. O Esquema I revela o efeito da foraclusão pelo desmoronamento do que dava sustentação ao Esquema L, o esquema do discurso, através da escrita *Po φo*. Com a não incidência da metáfora e o consequente desmoronamento da estrutura do discurso, vemos aparecer diversos fenômenos que podem ser divididos em três modalidades, que nos arriscaremos a organizar em torno de três tempos. Um primeiro tempo constitui-se dos fenômenos resultantes da dissolução imaginária com o aparecimento da dimensão irracional do simbólico. Esses fenômenos apresentam-se na experiência delirante de Schreber pela destruição da Ordem do Mundo, pelo "Assassinato d'almas": "Trata aí de uma desordem provocada na junção mais íntima do sentimento de vida no sujeito revelada", por exemplo, pela presença dos homens feitos às pressas.[177] Esse período caracteriza-se por fenômenos alucinatórios tais como as frases interrompidas, a invasão dos raios divinos e, particularmente, a *Gründsprache*, a língua fundamental. Esses seriam os chamados fenômenos esquizofrênicos. Nesse momento, Deus revela a gravidade de seu desconhecimento dos homens, um Deus em que "toda interioridade lhe está vedada".[178] Entretanto, é em torno de sua relação com esse Deus de exterioridade, um Deus imaginário, portanto, que Schreber reconstruirá seu mundo.

O segundo tempo caracteriza-se por essa reconstrução do mundo pela megalomania, essa via de compensação pelo imaginário, aquilo que, no *Seminário 3*, Lacan denomina como lei transversal e que Schreber estabelece em torno da figura desse Deus, que, embora se apresente desdobrado, "não deixa de ter o suporte intuitivo de um hiperespaço".[179] Desde o início de sua crise, Schreber preocupava-se com o risco de, após ser abusado, ser deixado largado (*liegenlassen*) por seus algozes. Devido a isso, e na dependência de Deus para manter o seu mundo, ele é tomado pela compulsão a pensar. É com seu pensamento que Schreber regula a aproximação ou distanciamento de Deus, evitando o "Pensar em nada", o que decretaria seu desamparo absoluto que o "Milagre do urro" revela. Lacan utiliza-se desse esforço de Schreber para mostrar na psicose, a tipicidade que, no humano, o imaginário apresenta:

> Com isso acabaremos, enfim, por nos espantar com o fato de que o sujeito atormentado por esses mistérios não hesite, por mais Criado que seja, em antepor com suas palavras as ciladas de uma consternadora estupidez de seu Senhor, nem em se manter em oposição e contra a destruição que ele O acredita capaz de empregar em relação a ele... Não haveria aí, um estranho contraponto em relação à criação contínua de Malebranche, nesse criado recalcitrante, que se sustenta contra sua queda unicamente por meio da sustentação de seu verbo e por sua confiança na fala?

O homem não é um planeta, Lacan sempre ressaltou a dimensão criadora da palavra, e Schreber, sustentando-se em sua fala, mesmo sob a tensão da hipertrofia imaginária, mantém, ainda que nesse momento de maneira bastante precária, uma hiância, um pouco de realidade, contrapondo-se, assim, à ideia da criação contínua por Deus, sustentada por Malebranche.[180]

Essa reconstrução imaginária abriu para Schreber, pela via delirante, o campo da frustração, ordenado em torno da presença-ausência de Deus, localizado por Lacan no *liegenlassen*. O terceiro tempo, articulado ao tempo da reconstrução, é o tempo da identificação ideal. "Fora omitido no imaginário do sujeito... aquele traço paralelo ao traçado de sua figura que podemos ver num desenho do Pequeno Hans..."[181]

Acreditamos que foi o fato de Lacan ter localizado, no *liegenlassen*, essa hiância fundamental – que em Schreber não há como ser ocupada pelo falo –, que lhe permitiu colocar no Esquema I o *Criador* no lugar correspondente ao ponto *M* do Esquema R. Sabemos que o jogo de presença-ausência é o que permite construir a simbolização primordial da mãe. A *Entmannung*, a eviração, seria a resolução que se apresentaria no lugar dessa hiância e, em consequência, da falta da metáfora simbólica que se sustentaria pelo Nome-do-pai. Na "Questão preliminar", vemos Lacan, diante da psicose de Schreber, dar basicamente o mesmo tratamento que ele dispensa à neurose em *O Seminário, livro 5: as formações do inconsciente*.

Ele nos mostra que, do lado de Schreber, no campo imaginário, também se abre uma hiância e ainda ressalta que esta se abre desde muito cedo. Entretanto, em função da *Verwerfung*, ela se abre desnuda, e o sujeito é advertido pelo inconsciente de que, na impossibilidade de ser o falo que falta à mãe, restaria a solução de ser a mulher que falta aos homens. Para Lacan, aí reside o sentido da fantasia "seria belo[182] ser uma mulher na hora da copulação".

Em *O Seminário, livro 7: A ética da psicanálise*, Lacan desenvolve a ideia de que o belo teria uma função de limite. O belo seria um ponto de transposição que permitiria discernir um elemento do campo do para além do bem e, portanto, do para além do princípio do prazer. Lacan ainda aproxima a função limite[183] do Ideal do belo com a fantasia do falo.[184] Ao que nos parece, seria exatamente essa a hipótese que ele desenvolve tanto para a neurose pela presença do falo como para a psicose em que a "zerificação" desse significante deixa um buraco, vindo uma fantasia de beleza ocupar esse lugar.[185]

Uma outra comparação evidencia, no Esquema I, um movimento de báscula semelhante ao que encontramos na neurose. Num primeiro momento, Schreber se lança à identificação imaginária com A mulher, sustentada aí pela função limite da beleza, tensionado pelo gozo transexualista. O retorno se daria pelo ideal da geração da nova humanidade, lembrando-se que um filho era um antigo ideal de Schreber.

> Uma linha que culminaria nas Criaturas da fala, ocupando o lugar do filho recusado às esperanças do sujeito, seria assim concebível como contornando o furo cavado no campo do significante pela foraclusão do Nome do Pai. É em torno desse buraco em que falta ao sujeito o suporte da cadeia significante… que se trava toda a luta em que o sujeito se reconstrói.[186]

O que constatamos é que, para Lacan, a reconstrução delirante de Schreber se faria no campo do imaginário a partir da eviração, e, no campo do simbólico, a identificação ideal ordenaria toda a produção alucinatória, ou seja, a produção significante, em que Lacan valoriza a função criadora da palavra. No imaginário, a reconstrução da realidade teria seu ponto de partida nas atitudes contemplativas de Schreber diante do espelho, coberto de atributos femininos. Lacan escreve:

> Muito mais do que isso, devemos assinalar... a singularíssima insistência, mostrada pelos sujeitos dessas observações, em obter para suas exigências mais radicalmente retificadoras a autorização ou, se assim podemos dizer, a mão-na-massa de seu pai... vemos nosso sujeito entregar-se a uma atividade erótica,... com satisfações que lhe são dadas por sua imagem no espelho.[187]

Ele dispensa a essa prática de Schreber um estatuto análogo ao júbilo do estádio do espelho na neurose.

Convém ainda assinalar a atenção que Lacan dispensa à experiência de morte do Presidente em seu trabalho de reconstrução. Ela teria um papel fundamental na virada que teria se operado, do horror inicial à ideia de eviração ao posterior consentimento, da volúpia à beatitude. É em torno da morte que Schreber organiza a sua reconstrução:

> ... podemos colocar sob o signo da criatura o ponto decisivo de onde a linha escapa em suas duas ramificações, a do gozo narcísico e a da identificação ideal... E também nesse caso, a linha gira em torno de um furo, precisamente aquele em que o "assassinato d'almas" instalou a morte.[188]

Vemos assim que todo o trabalho de reconstrução que o Esquema I sintetiza ordena-se em torno desse primeiro tempo, do assassinato d'almas.

**ESQUEMA I**

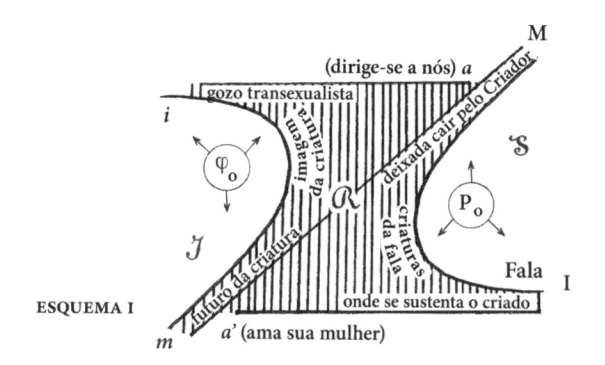

Diagram labels: M; (dirige-se a nós) $a$; gozo transexualista; $i$; imagem da criatura; deixada cair pelo Criador; $\mathcal{S}$; $\varphi_0$; $\mathcal{R}$; $P_0$; $\mathcal{J}$; criaturas da fala; Fala; I; futuro da criatura; onde se sustenta o criado; $m$; $a'$ (ama sua mulher)

O plano hiperbólico apenas mostra que a solução encontrada por Schreber é aberta ao infinito, o que, no neurótico, no Esquema R fica elidido. Esse detalhe levou Lacan a valorizar a observação freudiana sobre a realização assintótica do Ideal de identificação à mulher e de procriação em Schreber. Comparando ao Esquema R, vemos que um campo de realidade constitui-se pela manutenção da estrutura do discurso do Esquema L.

> Sem dúvida, esse esquema participa do exagero a que se obriga toda formalização que quer apresentar-se no intuitivo. Isto quer dizer que a distorção que ele manifesta entre as funções aí identificadas pelas letras transpostas do esquema R só pode ser apreciada em seu uso de retomada dialética[189].

Sem o recurso da média e extrema razão, para Schreber, não há como operar inicialmente com a hiância percebida na ausência da mãe. E foi diante da hiância, impossibilitado de encontrar uma proporção ficcional que lhe permitisse de antemão escrever de forma virtual o infinito, que Schreber se viu precipitado na beleza sem forma da intuição hipnagógica de uma mulher sendo copulada. Tomado na experiência indeterminada e enigmática do desejo do Outro, na feminização produzida pelo inconsciente, Schreber precisou inventar uma via que tornasse mais aceitável essa solução para seu problema. Como a possibilidade de fazer uma metáfora do infinito lhe havia sido foracluída, em sua reconstrução simbólica, estabeleceu uma nova relação entre significante e significado, uma metáfora delirante. Essa nova via simbólica, criação significante que se reordenou em torno do buraco em que se vislumbrava o gozo transexualista, possibilitou-lhe, pela eviração sempre postergada, manter, numa temporalidade eternamente adiada, o encontro com a indeterminação intratável do desejo do Outro, metonímia da cadeia simbólica.

Afinal, "... o estado terminal da psicose não representa o caos petrificado a que levam as consequências de um sismo, porém, muito antes, a essa evidenciação de linhas de eficiência que faz falar, quando se trata de um problema de solução elegante".[190]

# CONCLUSÃO

Desde Freud é possível perceber que o avanço da psicanálise se dá não pela negação de suas contradições, mas inspirado por elas, no encontro com o real que desvela a inconsistência do saber. O conceito de pulsão, por exemplo, aquele que Freud chamou de pedra angular da psicanálise, sofreu diversas mudanças à medida que a experiência clínica assim exigia, e ele mesmo não se recatava em dizer que a pulsão era a sua mitologia. Sabendo que o mito é uma tentativa de dizer do impossível, somos levados a afirmar que o conceito fundamental da psicanálise, aquele que organiza o seu campo de saber, é diferente de um conceito experimentável, um construto que tenta tocar o impossível de dizer da própria experiência. Não queremos, com isso, afirmar que esse encontro com o impossível seria uma exclusividade da psicanálise, mas é necessário resgatar a maneira particular pela qual ela se ocupa dele.

 Lacan transitou pelos mais diversos campos do saber, arregimentou das diversas ciências inúmeros conceitos, mas sempre fazendo deles um uso particular, uma mitologia psicanalítica. Ele buscava com tal uso uma cientificidade para a psicanálise e esforçou-se na sua formalização e transmissão. Apesar dos efeitos alcançados com essa formalização, a psicanálise continuou e continua não se deixando apreender totalmente, escapando sempre como um resto. Essa realidade da psicanálise levou Lacan seguidamente a nos alertar para os riscos de nos deixarmos cativar pelo saber que por ela fosse produzido, apostando sempre no real da experiência que escapa a esse saber. Esse impossível da experiência psicanalítica é uma das maneiras pela qual se pode entender o que aparece no *Seminário 2* como sendo a hiância fundamental na estrutura do sujeito que se sustenta na fronteira do simbólico e do imaginário.

Percebemos que tanto a formalização freudiana como também a lacaniana, na tentativa de organizar o campo da experiência que a psicanálise oferece, sustentam-se nesses construtos. Eles foram sendo criados à medida que a experiência clínica apresentava a exigência de uma nova formalização. Em seu retorno a Freud, Lacan se expressava:

> Para nós, não se trata de sincronizar as diferentes etapas do pensamento de Freud, nem sequer de pô-las em concordância. Trata-se de ver a que dificuldade única e constante respondia o progresso deste pensamento, constituído pelas contradições de suas diferentes etapas. Trata-se através da sucessão de antinomias que este pensamento continua nos apresentando, dentro de umas destas etapas e entre si, de defrontarmo-nos com o que o constitui, propriamente, o objeto de nossa experiência.[191]

Se, para Freud, as aberrações sexuais serviram como demonstração de que não haveria laço natural entre a pulsão e o objeto, e que, dessa forma, a sexualidade seria sempre aberrante no humano, para Lacan, sua experiência com a psicose foi possivelmente a responsável por ele não ter se deixado levar pelo erro neurótico comum. Desde cedo percebeu que, não somente na psicose, como também na neurose, o simbólico não se apresenta como uma série ordenada, e sim um contínuo incomensurável, acéfalo; e o imaginário não constitui por si só uma unidade. A psicose revelou que isso se tratava de um sonho neurótico, o que o sonho inaugural da psicanálise, o da Injeção de Irma, tratou de desmascarar. Como disse Koyré, é por existir o infinito real que infinitos pontos podem ser colocados em uma reta dando a ilusão da unidade. O Um da imagem, contudo, tem desvelado sua dimensão incomensurável, seja nos paradoxos de Zenão, no impasse dos pitagóricos, seja no número irracional.

Lacan se esforçou para equacionar as interrogações associadas à ideia de que um simbólico irracional, rasgado, articula-se com um imaginário decomposto, produzindo um sujeito como efeito. Para dar conta dessa tarefa, ele buscou, inicialmente, restituir o valor à invenção freudiana diante daqueles que, após a sua morte, desconheceram a importância do acontecimento simbólico, privilegiando a noção unitária de Eu. Como ele poderia trazer de volta à cena psicanalítica um simbólico incomensurável e rasgado, esse discurso contínuo do Outro, e como seria possível ao sujeito constituir um Eu, um corpo imaginariamente unitário, a partir da experiência inicial do corpo despedaçado? Não seria o caso de desprezar a noção de Eu, mas sim de reposicioná-la em seu real patamar na experiência psicanalítica. Foi preciso, inicialmente, resgatar a agudeza de "Além do princípio do prazer" sobre a qual Lacan sempre acusou os pós-freudianos de terem-na negligenciado. A agudeza que a hiância revela ao não se deixar escrever. Esse contínuo de que Koyré nos fala, que se revela quando se percebe que o Um da imagem é ilusório e que o simbólico é irracional, esse real que escapa é, nesse momento, em Lacan, o "além do princípio do prazer". O "além do princípio do prazer" é o infinito real. A utilização da noção de falo articulada à noção de segmento áureo mostrou-se um artifício digno da genialidade de Lacan. Afinal, a questão humana é como existir em meio a esse infinito real da pulsão de morte. A solução neurótica é construída exatamente em torno do falo. Assim como o número de ouro, o falo, incidindo sobre esse real, inaugura uma sequência de pontos em uma série harmônica, um infinito potencial no simbólico e uma unidade no imaginário que somente será alcançada potencialmente no infinito. Aqui se encontra o valor da assintótica que Lacan anuncia no "Estádio do espelho" e no Esquema R. O neurótico, contudo, acredita no Um. O neurótico é aquele que aposta que o Esquema R é um quadrado, e não um plano projetivo, e, pela dimensão enganadora do Eu, recalca o estatuto rasgado do simbólico e da dimensão faltosa do falo imaginário. Ele sustenta sua crença no Um pelo desconhecimento da dimensão do infinito real e da dimensão virtual da realidade. Se olharmos para a unidade aparente do desenho de uma banda de Möebius, não perceberemos que ela percorre um trajeto contínuo. Essa paralaxe é a mesma que a crença na presença do falo imaginário permite ao neurótico. Ele se faz assintoticamente Um a despeito do despedaçamento real de seu corpo. Essa operação é mediada pelo falo que faz existir uma proporção, uma relação, escandindo o discurso contínuo do Outro. Vemos que já se antecipava a ideia, que viria a ser posteriormente adotada, de que o falo se insere no lugar da falta da relação sexual. O falo determinando a razão matemática da falta-a-ser do sujeito aloja-o na hiância. Essa hiância fundamental revela o além do princípio do prazer para mais além da solução neurótica. Ela é fiadora da existência do sujeito exatamente pelo impedimento que impõe, pois expõe o impossível de se completar o simbólico e de se fazer Um com o imaginário.

A psicose, por seu lado, revela o estatuto trágico da invasão irracional e rasgada do simbólico. A experiência atemporal dos esquizofrênicos ensinou a Lacan que, na psicose, pela foraclusão do Nome-do-pai, o sujeito se vê tomado pela experiência real do infinito, seja pela dimensão irracional do simbólico, seja pela decomposição imaginária. Cabe a ele inventar uma via para constituir um Eu e, consequentemente, uma nova temporalidade. Vimos que, em Schreber, essa construção se fez por um artifício interessante. Schreber não produz uma nova dialética, e comumente encontramos essa impossibilidade na psicose. O seu artifício, contudo, também é abordar o infinito real pela via do infinito potencial, pela via do indeterminado. No lugar da experiência incomensurável, atemporal, acéfala, Schreber também constitui um vir a ser indeterminadamente adiado, mas que, sem a presença da razão articuladora, deve manter em ato esse seu adiamento. Esse é o valor das assíntotas em Schreber. No campo imaginário, apresenta-se a abertura ao infinito da solução megalômana, paranoica, tendo a eviração como esse compromisso indeterminado. Já a procriação da nova raça mantém o tensionamento simbólico pela via do Ideal, que se mantém aberto ao infinito assim como a solução da eviração.

A simplicidade com que podemos ler as soluções neurótica e psicótica é uma expressão da formalização de Lacan de sua própria solução elegante.

A articulação entre simbólico, imaginário e real teve como fio condutor um momento do ensino de Lacan combinado com a crença neurótica: Infinito, Uno e Hiância, mostrados no Esquema L. A psicose mostrou o mais além dessa crença. Foi necessário a Lacan seguir adiante, mas os elementos presentes nessas primeiras elaborações parecem persistir em seu ensino, indo bem além. No *Seminário 7: a ética da psicanálise*, as referências ao trágico são evidentes, sendo os temas da beleza e da morte do sujeito revisitados com muito maior aprofundamento. O *Seminário 8* perpassa novamente alguns desses pontos, bem como o *Seminário* sobre a identificação. A partir do *Seminário* da angústia, mesmo com a mudança produzida com a formalização do objeto *a*, que entra no lugar de $-\varphi$, as questões sobre o infinito e o segmento áureo continuam permeando o ensino de Lacan. O *Seminário 16* ocupa-se sobremaneira do tema.

Lacan era muito erudito e passeava pelos mais diversos campos do saber com uma invejável facilidade. Supor uma simplicidade em suas elaborações pode parecer algo estranho, tamanha a sofisticação e complexidade de sua elaboração. Soma-se a isso todo o seu esforço em não ser compreendido ou mesmo lido, o que exige um desejo decidido para transitar por seu ensino. Em contraposição a isso, é preciso reconhecer que os elementos desvelados, quando se consegue, de alguma forma, decifrá-los, nos mostram que, em seu ensino, as soluções construídas por Lacan são inegavelmente elegantes.

# REFERÊNCIAS BIBLIOGRÁFICAS

ARISTÓTELES. *The basic works of Aristotle*. Trad. R. Mckeon. New York: Random House, 1941.

BAGNI, G. T.; D'AMORE, B. *Leonardo e la matematica*. Firenze: Giunte, 2006.

DE CLÉRAMBAULT, G.G. "L'automatisme mental". *Ouvres Psychiatriques*. Paris: Frénésie Éditions, 1987.

DOR, J. *L´a scientificité de la psychanalyse II*. Paris: Éditions Universitaires, 1988.

FREUD, S. *A interpretação dos sonhos* (1900). Rio de Janeiro: Imago, 1972. Edição Standard brasileira das obras psicológicas completas de Freud, v. IV-V.

FREUD, S. *Extratos dos documentos dirigidos a Fliess*: Carta 52 (1896). Rio de Janeiro: Imago, 1977. Edição Standard brasileira das obras psicológicas completas de Freud, v. I.

FREUD, S. *Além do princípio do prazer* (1922 [1920]). Rio de Janeiro: Imago, 1976. Edição Standard brasileira das obras psicológicas completas de Freud. v. XVIII.

FREUD, S. *Notas psicanalíticas sobre um relato autobiográfico de um caso de paranóia* (Dementia Paranoides) (1912 [1911]). Rio de Janeiro: Imago, 1976. Edição Standard brasileira das obras psicológicas completas de Freud, v. XI.

FREUD, S. *Projeto para uma psicologia científica* (1950[1895]). Rio de Janeiro: Imago, 1977. Edição Standard brasileira das obras psicológicas completas de Freud, v. I.

FREUD, S. *Sobre o Narcisismo: uma introdução* (1914). Rio de Janeiro: Imago, 1977. Edição Standard brasileira das obras psicológicas completas de, v. XIV.

FREUD, S. *A correspondência completa de Sigmund Freud para Wilhelm Fliess* (1887-1904). Rio de Janeiro: Imago, 1985.

GARDES, M. "La Divine Proportion de Luca Pacioli" [S.I.] La B@lise n°14: Introduction à l'esthétique des proportions (deuxième partie), 2001. Disponível em: http://www.ac-poitiers.fr/arts_p/B@lise14/pageshtm/page_4.htm. Acesso em: ago. 2006.

HUNTLEY, H.E. *The Divine Proportion*. New York: Dover Publications, 1970.

KOYRÉ, A. *Estudos de história do pensamento filosófico*. Trad. Maria de Lourdes Menezes. Rio de Janeiro: Forense Universitária, 1991.

LACAN, J. *O seminário, livro 2*: o eu na teoria de Freud e na técnica da psicanálise (1954/1955). Rio de Janeiro: Jorge Zahar, 1985a.

LACAN, J. *O seminário, livro 3*: as psicoses (1955/1956). Rio de Janeiro: Jorge Zahar, 1985b.

LACAN, J. *O seminário, livro 7*: a ética da psicanálise (1959/1960). Rio de Janeiro: Jorge Zahar, 1988.

LACAN, J. *O seminário, livro 4*: a relação de objeto (1956/1957). Rio de Janeiro: Jorge Zahar, 1995.

LACAN, J *Escritos*. Rio de Janeiro: Jorge Zahar, 1998.

LACAN, J. *O seminário, livro 5*: as formações do inconsciente (1957/1958). Rio de Janeiro: Jorge Zahar, 1999.

LACAN, J. *O seminário, livro 10*: a angústia (1962/1963). Rio de Janeiro: Jorge Zahar, 2005.

MACALPINE, I. "Discussion". SCHREBER, D. P. *Memoirs of my nervous Illness* (1911). London: WM, Dawson & Sons Ltd., 1955.

MICHEL, P-H. *De Pythagore a Euclide*: Contribution a l'histoire des mathématiques préeuclidiennes. Paris: Les Belles Lettres, 1950.

PLATÃO. "Mênon". *Diálogos*. Rio de Janeiro: Ediouro, 1999.

POE, E. A. "O caso do Sr. Valdemar". *Contos escolhidos*. Trad. Oscar Mendes, Milton Amado. Rio de Janeiro: Editora Globo, 1985.

SCHREBER, D.P. *Memórias de um doente dos nervos* (1911). 2ª.ed. Trad. Marilene Carone. Rio de Janeiro: Graal, 1985.

SCHREBER, D. P. *Memoirs of my nervous illness* (1911). Trad. Ida Macalpine. London: WM, Dawson & Sons Ltd. 1955.

SOARES, M. *Termodinâmica e Transmissão de calor.* [S.I.] 2006. Disponível em: http://www.mspc.eng.br/ndx_termo0.asp . Acesso em: mai. 2006.

SÓFOCLES. "Édipo em Colono". *A trilogia tebana.* Trad. Mário da Gama Kury. Rio de Janeiro: Jorge Zahar Editor, 1990. p. 101-195.

TANNERY, P. "Platão: vida, obra, doutrina". *Diálogos*: Platão. Rio de Janeiro: Ediouro, 1999. p. 13-37.

# NOTAS

1. MILLER, J.L. *Perspectivas dos escritos e outros escritos de Lacan*. Entre gozo e desejo. Rio de Janeiro: Jorge Zahar Ed., p. 93
2. LACAN, J. O umbigo do sonho é um furo. Resposta a uma pergunta de Michel Ritter. In: *Opção Lacaniana*, n. 82. São Paulo, abr., 2020.
3. *Kaufmanner, H. Lacan e a solução elegante na psicose*. p. 120.
4. *Kaufmanner, H. Lacan e a solução elegante na psicose*. p. 72.
5. *Kaufmanner, H. Lacan e a solução elegante na psicose*. p. 98
6. *Kaufmanner, H. Lacan e a solução elegante na psicose*. p. 98
7. *Kaufmanner, H. Lacan e a solução elegante na psicose*. p. 120.
8. LACAN, J. Transferência para Saint Denis? Lacan a favor de Vincennes. In: *Revista Correio*, n. 65. São Paulo, 2010, p. 31.
9. LACAN, J. "De uma questão preliminar a todo tratamento possível da psicose" (1955). *Escritos*. Rio de Janeiro: Jorge Zahar, 1998. p. 578.
10. Que, pela sonoridade em francês, pode ser entendido como "um pai" ou, ainda, como "ímpar".
11. LACAN, J. "De uma questão...". *Op. cit*. p. 581.
12. *Idem*. "A significação do falo" (1958). *Escritos. Op. cit.* p. 700.
13. *Id.* LACAN, J. *O seminário, livro 10: a angústia* (1962/1963). Rio de Janeiro: Jorge Zahar, 2005. p. 27.
14. *Id. O seminário, livro 10: a angústia* (1962/1963). Rio de Janeiro: Jorge Zahar, 2005, p. 30.
15. *Id.* "De uma questão...". *Op. cit.* p. 537.
16. *Ibidem*. p. 538.
17. *Id. O seminário*, livro 2: o eu na teoria de Freud e na técnica da psicanálise (1954/1955). Rio de Janeiro: Jorge Zahar, 1985a, p. 280.
18. A alucinação verbal motora foi assinalada por Jules Séglas ao observar que alguns pacientes apresentavam muscitações e que estas eram, na verdade, a fala alucinatória escutada por eles. Lacan utiliza-se desse achado de Séglas para defender sua ideia de que a alucinação é verbal, e não auditiva.
19. LACAN, J. "De uma questão...". *Op. cit.* p. 539.
20. *Id. O seminário*, livro 3: as psicoses (1955/1956). Rio de Janeiro: Jorge Zahar, 1985b.
21. *Id.* "De uma questão...". *Op. cit.* p. 540.
22. *Ibid.* p. 543.

23. *Ibid.* p. 547.
24. *Ibid.* p. 549.
25. LACAN, J. "Situação da psicanálise e formação do analista em 1956" (1956). In.: *Escritos. Op. cit.* p. 466.
26. "... in Schreber's the sun is feminine... When Freud assumed the sun to be a father symbol and God equivalent to an earthly father. He failed to see that Schreber was preoccupied with the origin and giving life, i.e. creation and procreation in the primitive, presexual sense which precedes knowledge of sexual reproduction both in history of the individual and of mankind... These "prephalic speculations gave rise to the belief in sun gods in the sky who hold the life-substance..." MACALPINE, I. "Discussion". SCHREBER, D. P. *Memoirs of my nervous Illness* (1911). London: WM, Dawson & Sons Ltd., 1955. p. 378.
27. LACAN, J. "De uma questão...". *Op. cit.* p. 552.
28. *Ibid.* p. 557.
29. "Uma outra cena".
30. *Ibid.* p. 555.
31. *Ibid.*
32. FREUD, S. *Projeto para uma psicologia científica* (1950 [1895]). Rio de Janeiro: Imago, 1977, p. 317.
33. "Interpretação dos sonhos".
34. LACAN, J. *O seminário*, livro 2. *Op. cit.* p. 11.
35. *Id.* "Questão preliminar...". *Op. cit.* p. 16.
36. TANNERY, P. "Platão: vida, obra, doutrina". In.: *Diálogos*: Platão. Rio de Janeiro: Ediouro, 1999.
37. Lembramos que, aqui, o termo oposição é empregado em sua referência ao significante.
38. LACAN, J. *O seminário*, livro 2. *Op. cit.* p. 29.
39. *Ibid.* p. 30.
40. Já se pode localizar, nesse momento do ensino de Lacan, o que seria desenvolvido em seu ultimíssimo ensino como sendo a "verdade mentirosa".
41. Aqui se faz necessário lembrar o teorema de Pitágoras. No triângulo retângulo, a soma do quadrado dos catetos é igual ao quadrado da hipotenusa. Portanto, se cada cateto mede 1 (um), a hipotenusa mede $\sqrt{2}$.
42. LACAN, J. *O seminário*, livro 2. *Op. cit.* p. 28. Grifos nossos.
43. *Ibid.* p. 322.
44. *Ibid.* p. 323.
45. *Ibid.*
46. Ultimíssimo ensino de Lacan trará um estatuto novo aos registros do real, simbólico e imaginário. Lembremos que, aqui, nos ocupamos do Lacan estruturalista, diante dos problemas motivadores do avanço de seu ensino.
47. *Ibid.* p. 321.
48. *Ibid.*
49. *Ibid.* p. 320.
50. A não relação entre a diagonal de um quadrado e seu lado encontra-se demonstrada no décimo livro dos *Elementos*, de Euclides. DOR, J. *L´a scientificité de la psychanalyse II*. Paris: Éditions Universitaires, 1988, p. 108.

51. KOYRÉ, A. *Estudos de história do pensamento filosófico*. Trad. Maria de Lourdes Menezes. Rio de Janeiro: Forense Universitária, 1991. p. 12.
52. *Ibid*. p. 11
53. *Ibid*.
54. DOR, *Op. cit*. p. 106.
55. *Ibid*. p. 109
56. A $\sqrt{2}$ é 1,4142... Um número ilimitado. Contudo, a multiplicação de $\sqrt{2}$ por $\sqrt{2}$ tem como resultado 2, um número inteiro, natural.
57. KOYRÉ, A. *Op. cit*. p. 14.
58. *Ibid*.
59. *Ibid*. p. 18. Grifo nosso.
60. É interessante observar que, embora, nesse momento, o real não tenha ainda o estatuto que viria a ter posteriormente no ensino de Lacan, podemos localizar, na alteridade absoluta do contínuo, o mesmo estatuto de real que seria posteriormente desenvolvido.
61. LACAN, J. *O seminário*, livro 2. *Op. cit*. p. 113.
62. *Ibid*. p. 99.
63. *Ibid*. p. 108.
64. *Ibid*. p. 115.
65. *Ibid*. p. 114-115.
66. *Ibid*. p. 114.
67. *Ibid*. p. 279.
68. *Ibid*. p. 53.
69. *Id*. *O seminário*, livro 4. *Op. cit*. p. 231.
70. *Id*. "O estádio do espelho como formador da função do eu" (1949). *Escritos*. *Op. cit*. p. 98.
71. *Id*. *O seminário*, livro 2. *Op. cit*. p. 211.
72. "Ao fim desses anos de crítica, eis-nos, pois, armados de um certo número de termos e de esquemas. A espacialidade destes últimos não deve ser tomada no sentido intuitivo do termo "esquema", mas num outro sentido, perfeitamente legítimo, que é topológico – não se trata de localizações, e sim de relações de lugares, interposição, por exemplo, ou sucessão, sequência".
73. LACAN, J. *O seminário, livro 2. Op. cit*. p. 307.
74. *Ibid*. p. 403.
75. *Ibid*. p. 70.
76. *Ibid*. p. 71.
77. *Ibid*. p. 71.
78. *Ibid*. p. 72.
79. Lacan retomará esse modelo posteriormente utilizando-se não mais de máquinas, mas do cachorro da experiência de Pavlov, especialmente nos *Seminários* 11 e 24.
80. É preciso lembrar que essas lições foram dadas em 1954, ainda nos primórdios dessas máquinas calculadoras. Hoje em dia, a onipresença da internet mostra, de maneira bem explícita, a continuidade que Lacan esforçava-se em demonstrar com as calculadoras.
81. *Id*. *O seminário*, livro 2. *Op. cit*. p. 117.

82. *Ibid.* p. 118.
83. *Ibid.*
84. *Ibid.* p. 107.
85. *Ibid.* p. 108.
86. *Ibid.* p. 113.
87. FREUD, S. *Além do princípio do prazer* (1922 [1920]). Rio de Janeiro: Imago, 1976. Edição Standard brasileira das obras psicológicas completas de Freud, v. XVIII. p. 31.
88. LACAN, J. *O seminário*, livro 2. *Op. cit.* p. 155.
89. SOARES, M. *Termodinâmica e Transmissão de calor.* [S.I.] 2006. Disponível em: http://www.mspc.eng.br/ndx_termo0.asp . Acesso em: 10 maio 2006.
90. LACAN, J. *O seminário*, livro 2. *Op. cit.* p. 156.
91. *Ibid.* p. 299-300. Grifos nossos.
92. *Ibid.* p. 305.
93. *Ibid.* p. 263.
94. SÓFOCLES. "Édipo em Colono". *A trilogia tebana.* Trad. Mário da Gama Kury. Rio de Janeiro: Jorge Zahar Editor, 1990, p.123.
95. LACAN, J. *O seminário*, livro 2. *Op. cit.* p. 290.
96. *Minha cidade ofereceu-me um prêmio / por meus serviços, que eu preferiria / em tempo algum ter recebido dela... / Digo-te; quando o matei / e massacrei agia sem saber / Sou inocente diante da lei, / pois agi sem premeditação.* SÓFOCLES, *Op. cit.*, 133.
97. LACAN, J. *O seminário*, livro 2. *Op. cit.* p. 289.
98. Sendo inclusive a aceitação de seu destino o que revela a dimensão do herói trágico.
99. SÓFOCLES, *Op. cit.* p. 123.
100. Ao longo dos seminários desse período, Lacan se utiliza, de maneira eventualmente pouco clara, dos termos fala, discurso comum, mensagem e frase contínua.
101. LACAN, J. *O seminário*, livro 2. *Op. cit.*
102. A cada instante, antes da morte, P indagava ao Sr. Valdemar se ele dormia.
103. POE, E.A. "O caso do Sr. Valdemar". *Contos escolhidos.* Trad. Oscar Mendes, Milton Amado. Rio de Janeiro: Editora Globo, 1985. p. 63.
104. *Ibid.* p. 65.
105. LACAN, J. *O seminário*, livro 2. *Op. cit.* p. 163.
106. FREUD, S. *A interpretação dos sonhos* (1900). Rio de Janeiro: Imago, 1972. Edição Standard brasileira das obras psicológicas completas de Freud. v. IV, p. 113.
107. Aqui convém ressaltar a ambiguidade que não passou desapercebida a Freud e nem a Lacan, do vocábulo solução. Quer seja em alemão ou francês, o mesmo conserva o duplo sentido de uma solução que se injeta como o de uma solução de conflito.
108. *Ibid.* p. 114.
109. *Ibid.* p. 115.
110. LACAN, J. *O seminário*, livro 2. *Op. cit.* p. 197.
111. *Ibid.*
112. *Ibid.* p. 202.

113. *Ibid.* p. 198. Grifos do autor.
114. *Ibid.* p. 199.
115. *Ibid.* p. 214.
116. É importante lembrar que, nesse momento, o objeto, para Lacan, tem estatuto imaginário e confunde-se com o outro.
117. *Ibid.*
118. *Ibid.* p. 202. Grifos do autor.
119. Aqui vemos mais uma referência de Lacan a um conceito utilizado na clínica da psicose.
120. *Ibid.* p. 216.
121. Na tragédia de Sófocles, ao perceber sua culpa, Édipo denuncia a responsabilidade de Apolo em tudo que se passou.
122. *Ibid.* p. 214.
123. *Ibid.* p. 61.
124. *Ibid.* p. 156.
125. *Ibid.* p. 203.
126. *Ibid.* p. 204.
127. *Ibid.* p. 224-225.
128. Id. *O seminário*, livro 3. *Op. cit.*, p. 22.
129. *Ibid.* p. 23. Grifo nosso.
130. *Par Automatisme je comprends les phènoménes classiques: pensée devancée, énonciaton des actes, impulsions verbales...* (...) DE CLÉRAMBAULT, G. G. "L' Automatisme Mental". *Ouvres Psychiatriques*. Paris: Frénésie Éditions,1987, p. 492.
(...) *la pensée qui devient étrangère lê devient dans la forme ordinaire de la pansée, c'êst-à-dire dans um forme indifferenciée, et nonn pás dans une forme sensorielle définie: la forme indifférenciée est constiuée par um mélange d'abstractions et de tendences, tantôt sans éléments sensoriels, et tantôt avec des éléments plurisensoriels à la fois vagues et fragmentaires...* (*Ibid.* p. 493).
*Dans l'Automatisme Mental, la pensée s'emancipe d'abord, le plus souvent, sous as forme indifférenciée, qui est celle de la pensée normale"* (*Ibid.* p. 527).
131. LACAN, J. *O seminário*, livro 3. *Op. cit.*, p. 45.
132. *Ibid.* p. 49. Grifo do autor.
133. *Ibid.*
134. *Ibid.* p. 50. Grifo do autor.
135. Em "Questão preliminar", Lacan nos diz que a alucinação precede a frase alusiva.
136. *Ibid.* p. 64. Grifo do autor.
137. *Ibid.* p. 65.
138. Tal atravessamento estaria presente também na experiência da análise, desembocando, posteriormente, na noção de Sinthoma.
139. *Ibid.* p. 132.
140. *Ibid.* p. 133.
141. *Ibid.* p. 114.
142. *Ibid.* p. 114.
143. *Ibid.* p. 115.
144. *Ibid.* p. 117.

145. Inspirados na fala de Lacan sobre a dimensão rasgada do desejo, utilizaremos, em alguns momentos, essa referência também para o simbólico, numa outra forma de expressar o seu caráter incomensurável e indeterminado.
146. *Ibid.* p. 119.
147. *Ibid.* p. 104.
148. *Ibid.* p. 84.
149. LACAN, J "De uma questão...". *Op. cit.* 581-582.
150. FREUD, S. "Além do princípio do prazer" *Op. cit.* p. 26.
151. Em alemão, respectivamente "lá" e "aqui".
152. Aqui, portanto, ele se refere ao *Seminário 2*.
153. LACAN, J. *O seminário*, livro 4. *Op. cit.* p. 50.
154. *Ibid.* p. 51.
155. *Ibid.* p. 52.
156. *Ibid.* p. 68.
157. *Ibid.*
158. *Ibid.* p. 72.
159. *Id. O seminário*, livro 5: as formações do inconsciente (1957/1958). Rio de Janeiro: Jorge Zahar, 1999. p. 151.
160. *Ibid.* p. 164.
161. *Id. O seminário*, livro 4. *Op cit.* p. 230.
162. *Id. O seminário*, livro 5. *Op cit.* p. 189. Grifos do autor.
163. *Ibid.* p. 233-234.
164. *Id.* "A significação do falo" (1958). *Escritos. Op. cit.* p. 700.
165. MICHEL, P-H. *De Pythagore a Euclide*: Contribution a l'histoire des mathématiques préeuclidiennes. Paris: Les Belles Lettres,1950. p. 524.
166. HUNTLEY, H. E. *The Divine Proportion*. New York: Dover Publications, 1970. p. 26.
167. MICHEL, P-H. *De Pythagore a Euclide*. *Op. cit.* p. 563.
168. GARDES, M. *La Divine Proportion de Luca Pacioli* [S.I.] La B@lise n°14 : Introduction à l'esthétique des proportions (deuxième partie), 2001. Disponível em: http://www.ac-poitiers.fr/arts_p/B@lise14/pageshtm/page_4.htm. Acesso em: ago. 2006.
169. BAGNI, G. T.; D´AMORE, B. *Leonardo e la matematica*. Firenze: Giunte, 2006. p. *80*.
170. Em nossa contemporaneidade, ironicamente, os cartões bancários apresentam a forma de um retângulo áureo.
171. LACAN, J. *O seminário*, livro 4. *Op. cit.* p. *338*.
172. Tal resultado revela uma progressão que é chamada de Série de Fibonacci (MICHEL, 1950, p. 606), que mantém importantes relações com o número de ouro.
173. Essa, pelo menos, é a crença neurótica de que há uma relação possível.
174. LACAN, J. "O estádio do espelho como formador da função do eu" (1949). *Escritos. Op. cit.* p. 98.
175. *Id.* "De uma questão preliminar...". *Escritos. Op.* cit. p. 560.
176. *Id. O seminário*, livro 5. *Op. cit.* p. 236.
177. *Id.* "De uma questão preliminar...". *Escritos. Op.* cit. p. 565.
178. *Ibid.* p. 569.

179. *Ibid*. p. 568.

180. Filósofo racionalista que resolveu superar o impasse cartesiano sobre as relações entre a *res cogitans* e a *res extensa*, através da afirmação de que qualquer acontecimento corporal não passa de uma manifestação direta de Deus, visto que esse se mantém em criação contínua do mundo.

181. *Ibid*. p. 573.

182. Na edição em português das memórias de Schreber, encontra-se "bom" e não "belo", o que se revela como sendo um erro. Em alemão, encontramos: "*Es war die Vorstellung, daß es doch eigentlich recht schön sein müsse, ein Weib zu sein, das dem Beischlaf unterliege*". A palavra *schön* em alemão refere-se à beleza (SCHREBER, 2006, p. 60. Grifo nosso).

183. A título ilustrativo, convém lembrar que o conceito de função limite nos remete também ao $\varphi$, visto que este funciona como limite a uma específica relação entre duas séries de Fibonacci.

184. LACAN, J. *O seminário*, livro 7: a ética da psicanálise (1959/1960). Rio de Janeiro: Jorge Zahar, 1988. p. 359.

185. A propósito, parece-nos interessante lembrar que o sonho inaugural da psicanálise, o Sonho da Injeção de Irma, invade o sono de Freud quando este se encontrava em viagem hospedado numa localidade chamada Bellevue. FREUD, S. *A correspondência completa de Sigmund Freud para Wilhelm Fliess* (1887-1904). Rio de Janeiro: Imago, 1985. p. 418.

186. LACAN, J. "De uma questão preliminar...". *Escritos*. *Op. cit*. p. 570.

187. *Ibid*. p. 575.

188. *Ibid*. p. 577.

189. *Ibid*. pp. 577-578.

190. *Ibid*. p. 578.

191. *Id. O seminário*, livro 2. *Op. cit*. p. 189.

1ª EDIÇÃO [2023]

Esta obra foi composta em Minion Pro e Din sobre papel
Pólen Soft 80 g/m² para a Relicário Edições.